高等职业院校创新型教材

大学生劳动教育

（高职版）

主　编　王韦华　李　珂　舒　刚

副主编　丁建安　张湘宾　姜　月

　　　　丁燕鸿　吴雪萍

中国言实出版社

图书在版编目（CIP）数据

大学生劳动教育：高职版 / 王韦华，李珂，舒刚主编. —
北京：中国言实出版社，2024.1

ISBN 978-7-5171-4561-5

Ⅰ. ①大… Ⅱ. ①王… ②李… ③舒… Ⅲ. ①大学生
—劳动教育—高等职业教育—教材 Ⅳ. ①G40-015

中国国家版本馆CIP数据核字（2023）第152640号

大学生劳动教育（高职版）

责任编辑：张国旗
责任校对：宫媛媛

出版发行：中国言实出版社
　　　　　地　　址：北京市朝阳区北苑路180号加利大厦5号楼105室
　　　　　邮　　编：100101
　　　　　编辑部：北京市海淀区花园路6号院B座6层
　　　　　邮　　编：100088
　　　　　电　　话：010-64924853（总编室）　　　010-64924716（发行部）
　　　　　网　　址：www.zgyscbs.cn　　电子邮箱：zgyscbs@263.net

经　　销：新华书店
印　　刷：河北柏兆达印刷有限公司
版　　次：2024年3月第1版　2024年3月第1次印刷
规　　格：787毫米×1092毫米　1/16　13.25印张
字　　数：250千字

定　　价：49.80元（含实践手册）
书　　号：ISBN 978-7-5171-4561-5

2018 年 9 月 10 日，习近平总书记在全国教育大会上指出："培养什么人，是教育的首要问题。我国是中国共产党领导的社会主义国家，这就决定了我们的教育必须把培养社会主义建设者和接班人作为根本任务，培养一代又一代拥护中国共产党领导和我国社会主义制度、立志为中国特色社会主义奋斗终身的有用人才。"习近平总书记强调，要在学生中弘扬劳动精神，教育引导学生崇尚劳动、尊重劳动，懂得劳动最光荣、劳动最崇高、劳动最伟大、劳动最美丽的道理，长大后能够辛勤劳动、诚实劳动、创造性劳动；要努力构建德智体美劳全面培养的教育体系，形成更高水平的人才培养体系。在党的二十大报告中，习近平总书记再次强调，要在全社会弘扬劳动精神、奋斗精神、奉献精神、创造精神、勤俭节约精神，培育时代新风貌。这一系列重要论述丰富了党的教育方针，为新时代大学生思想政治教育提出了新要求。

为深入贯彻习近平总书记关于劳动教育的重要论述精神，落实全国教育大会精神，严格体现中共中央、国务院《关于全面加强新时代大中小学劳动教育的意见》要求，引导高校学生树立积极向上的劳动观，正确理解劳模精神、劳动精神、工匠精神，培育当代大学生遵纪守法、诚实守信等优良品质，全国多所高校从事劳动教育教学研究的专家、学者组成编写团队，广览国内外相关文献，结合新时代我国劳动教育实际状况，在总结中国劳动关系学院近年来劳动教育经验的

基础上，反复深入研究讨论，汇集集体智慧编写了《大学生劳动教育（高职版）》。

全书以习近平新时代中国特色社会主义思想为指导，全面贯彻新时代党的教育方针，落实全国教育大会精神，坚持培育和践行社会主义核心价值观。本书的内容涵盖了劳动教育中关于劳动精神面貌、劳动价值取向、劳动技能水平等方面的主要内容，目的是使学生理解并形成马克思主义劳动观，牢固树立劳动最光荣、劳动最崇高、劳动最伟大、劳动最美丽的观念，体会劳动创造历史、劳动推动发展、劳动收获幸福的理念，培养辛勤劳动、诚实劳动、创造性劳动的劳动精神，使学生具备走向职场所需要的基础劳动能力和职业素养。

本书的编写工作得到多所高等职业院校的大力支持。作者团队通过校际学术交流与合作，积极将各高等职业院校在劳动教育方面的实验教学成果及时融入教材编写，突出高等职业院校劳动教育类型特点，选取深化产教融合、校企合作的典型案例，综合吸纳本科院校和中高职院校在开展劳动教育方面的特点和经验，实现资源优势互补的效果，也为进一步拓宽教材的使用面，以及教材迭代更新打下坚实基础。

在本书成稿付梓之际，感谢各位编者的辛勤付出，也感谢学界同人的鼓励支持。本书如有疏漏之处，恳请广大读者批评指正。

编　者

目录 CONTENTS

第三单元　做好劳动准备

第四单元　成就精彩人生

第一单元

走进劳动世界

第一章

美好世界　劳动创造

思政小课堂

人民创造历史，劳动开创未来。劳动是推动人类社会进步的根本力量。幸福不会从天而降，梦想不会自动成真。实现我们的奋斗目标，开创我们的美好未来，必须紧紧依靠人民、始终为了人民，必须依靠辛勤劳动、诚实劳动、创造性劳动。我们说"空谈误国，实干兴邦"，实干首先就要脚踏实地劳动。

——习近平，《实干才能梦想成真》（2013年4月28日），《习近平著作选读》第一卷，人民出版社2023年版，第116页

学习目标

知识目标：掌握劳动的内涵与外延，认识劳动教育的重要意义。

技能目标：正确理解马克思主义劳动幸福观，养成良好的劳动习惯。

素质目标：树立尊重劳动、尊重普通劳动者的朴素情怀。

扫一扫 学一学

课堂导入

大禹治水的传说

在远古时代，人类改造自然环境的手段极其有限。相传在4 000多年前，中国的黄河流域洪水为患，淹没了大片田地，百姓流离失所。鲧、禹父子二人受命于尧、舜二帝，负责治水（图1-1）。鲧治水只顾筑坝围堵，用时9年，大水仍没有消退。面对滔滔洪水，禹吸取了鲧治水失败的教训，改变了"堵"的办法，对洪水进行疏导。他和千千万万的先民一起，疏通了很多河道，

引导洪水最后流到大海里去。历经13年，禹耗尽心血与体力，终于完成了治水的大业。通过这个传说，我们看到先民在大自然面前的弱小和无力，更领略到禹带领人民艰苦奋战、最终战胜困难的英雄风采。面对强大的自然界，我们的祖先不仅没有屈服，反而有着征服自然的强烈愿望，并且为了实现这个愿望一代又一代、生生不息地努力着。禹在治水过程中，不仅体现出艰苦奋斗、因势利导、科学治水、以人为本的理念，而且禹"三过家门而不入"的传说也彰显了公而忘私、民为邦本的精神。

图1-1　大禹治水雕塑

（资料来源：编者根据中国古代神话传说故事整理）

看到"劳动"一词，你眼前会浮现什么画面呢？是农民面朝黄土背朝天、挥汗如雨的劳作身影（图1-2），是工人团结协作、一丝不苟、紧张忙碌的身影（图1-3），是快递小哥匆忙穿梭在大街小巷的身影，是老师在三尺讲台上声情并茂、循循善诱、诲人不倦的身影，是医生拿着手术刀全神贯注、心无旁骛、专心致志做手术的身影，还是科学家在实验室里苦思冥想、分析实验数据的身影（图

1-4）……正是劳动，构成了人类社会发展的基础；也正是劳动，成就了人类世界的绚丽美好。著名作家茅盾在《风景谈》里曾说："自然是伟大的，然而人类更伟大。"人类之所以伟大，就在于人类有区别于动物的根本性活动——劳动。

图1-2 辛勤插秧的农民

图1-3 工地上工作的工人

图1-4 实验室的科研工作者

第一节 劳动书写古今历史

古代中国以农立国，中国农业有着悠久的历史，在先民的光荣劳作与积极推动下发展迅速，长期居于世界领先地位。现如今，科技的发展极大地推动了社会劳动力的进步，也逐步提高了人们的生活水平，中华民族的劳动文明之花已盛开几千年，农耕文明也长期居于世界先进水平。在以诗词为代表的传统文化中，歌颂劳动精神的诗词随处可见，这些诗词是劳动的赞歌，描绘了劳动的艰辛，讴歌了劳动之美。

我国最早的诗歌总集《诗经》中有很多关于劳动的诗，其中较为著名的有《伐檀》："坎坎伐檀兮，置之河之干兮，河水清且涟漪。"这是一首描绘魏国伐木工人劳作并表达对剥削阶级不满的民歌，"坎坎"是象声词，指伐木声。这样的象声词在《诗经》里还有很多，如《伐木》里就有"伐木丁丁"，这也从侧面说明许多古诗跟劳动号子密不可分。劳动虽然艰辛，但在这艰辛中却也有无尽的快乐。《十亩之间》是一首采桑的歌，描写几个小伙子相约去看采桑姑娘的情景，体现了青年人劳动的乐趣；《椒聊》描写一群采花椒的妇女一边劳动一边歌唱，充满对未来生活的向往；《芣苢》是一首描写女子采摘车前子草的乐歌。《吴越春秋·勾践阴谋外传》中保存着一首原始劳动歌谣，其题目叫《弹歌》。这首歌谣仅8个字："断竹，续竹；飞土，逐宍。"它是中国古代现存的最短的诗歌，反映了我国远古渔猎时代人民的劳动生活，描写了他们砍竹、接竹、制作弹弓，并发射弹丸捕猎禽兽的全过程。该诗歌语言淳朴、自然，概括力极强，以非常简短的诗句，真实地描绘了一幅原始先民狩猎图。诗句中流露着原始人对自己学会制造狩猎工具的自豪和喜悦，也表现了狩猎的紧张、活泼和愉快，以及原始人对获得更多猎物的渴望。

古人的劳动诗词中还有很多表现了清新幽静的田园生活。东晋诗人陶渊明的田园诗充满诗情画意，如他的《归田园居》："种豆南山下，草盛豆苗稀。晨兴理荒秽，带月荷锄归。"诗人一大早就下了地，到了晚上才披着月光、扛着锄头回来，俨然一幅静谧的月夜归耕图。陶渊明的田园诗不仅写自己从事躬耕，还对劳动的意义提出了新的见解，他在《庚戌岁九月中于西田获早稻》一诗中说："人生归有道，衣食固其端。孰是都不营，而以求自安？"也就是说，人人都要自食其力，艰苦奋斗，如果什么事都不做，又怎么能解决自己的温饱问题呢？唐代诗人王维的《春中田园作》云："屋上春鸠鸣，村边杏花白。持斧伐远扬，荷锄觇泉脉。"鸠歌燕舞，杏花纷扬，农人忙着整桑治水，寥寥数笔，一幅春意盎然的田园风情画便展现在眼前。生命因劳动而充满希望，希望中也充满着欢乐。南宋诗人范成大在《四时田园杂兴》中如此描述农民通宵打稻的情景："笑歌声里轻雷动，一夜连枷响到明。"写出了农民收获的欢乐和劳动的愉快。而他在另一首同题诗里又云："昼出耘田夜绩麻，村庄儿女各当家。童孙未解供耕织，也傍桑阴学种瓜。"把那种男耘田、女织麻、孩童也学种瓜等饶有意趣的农家生产小景描绘得淋漓尽致。北宋诗人王禹偁的《畬田词》云："大家齐力劚孱颜，耳听田歌手莫闲。各愿种成千百索，豆萁禾穗满青山。"在欢快的歌声中辛勤劳作，等到秋天收获的时候，就能看到劳动的伟大。他还有一首诗写道："北山种了种南山，相助刀耕岂有偏？愿得人间皆似我，也应四海少荒田。"更是描写了对劳动的赞美及劳动者对社会和生活的期盼。

还有一些诗词描述了古代劳动人民的艰辛生活。唐代诗人李绅那首《悯农》家喻户晓，妇孺皆知："锄禾日当午，汗滴禾下土。谁知盘中餐，粒粒皆辛苦。"全诗生动刻画了在烈日当空的正午，农民依然在田里劳作，那一滴滴汗珠洒在灼热土地上的情景。明代文学家冯梦龙有诗云："富贵本无根，尽从勤里得。"告诉人们所有的富贵荣华，无不是从艰苦的劳动中创造出来的。唐代诗人白居易的《卖炭翁》也比较有名："卖炭翁，伐薪烧炭南山中。满面尘灰烟火色，两鬓苍苍十指黑。卖炭得钱何所营？身上衣裳口中食。"卖炭翁的辛劳形象跃然纸上。

五千年辉煌灿烂的文明是劳动创造的，中华民族从站起来、富起来到强起来也是劳动创造的。中华民族用历史向世界证明了艰苦奋斗是强盛起来的根本源泉，用实践证明幸福是用劳动创造的。我们的祖先通过辛勤的劳动，用双手制造了一件又一件工具（图1-5）：为了打猎，他们制作出石矛、弓箭，所以他们有了肉食；为了种田，他们制作出锄头、犁，所以他们有了五谷；为了盛放物品，他们制作出陶罐、瓷器，所以物品不再散落……从1979年邓小平同志在中国的南海边画了一个圈，到今天的深圳用现代化大都市泼墨新世纪的鹏程万里，广大人民群众团结一心、众志成城，用血汗浇筑伟业；从青藏铁路蜿蜒千山万水，到今天的引领新四大发明的高铁贡献中国速度，广大人民群众坚定不移、斗志

昂扬，用血汗挥毫创新。以逢山开路、遇水架桥的奋斗进取精神，进入中国特色社会主义新时代，通过持之以恒的劳动，我们创造了各种辉煌成就。

图1-5 原始工具

知识链接

神话传说中的劳动

劳动创造了人类文明。在我国古代的神话传说中，劳动总是被推崇为高尚的事业。当时的领袖、圣贤无一不是劳动能手：燧人氏领导人民钻木取火，有巢氏领导人民构木为巢，嫘祖教人养蚕制衣，神农氏教民稼穑，等等。传统神话传说中，后羿射日、夸父逐日、精卫填海、愚公移山等都歌颂了心怀梦想、不懈追求的美好品质，这些动人的传说，礼赞了劳动，充分体现了劳动人民对自然的改造和对理想的追求，反映了中华民族早期改造和利用自然

的伟大志愿，凝聚着自强不息、百折不挠的坚毅精神，形成了丰富的劳动思想。古代劳动人民的顽强毅力，一直鼓舞着我们民族依靠辛勤劳动去进行改造自然和社会的伟大斗争。神话故事中的主人翁心怀梦想、不懈追求，为了造福黎民百姓不畏困难、发明创造。这些神话故事成为中华优秀传统文化中的精神宝藏，激励了一代又一代中华儿女。

劳动是人类文明进步的源泉，也是打开幸福之门的钥匙。幸福都是奋斗出来的，奋斗都是劳动凝聚成的，唯有奋斗不息才会永远前进，唯有劳动不止才能再续辉煌。是劳动，建成了今天的高楼大厦；是劳动，筑就了现代化的高速公路；是劳动，让偌大的地球变成了一个村落；是劳动，使浩瀚的荒原变成了万亩良田。通过劳动，人类从早期农业社会走向现代文明。劳动改造了世界，造就了人类，也创造了我们今天的幸福生活。

第二节 劳动成就人类社会

一、劳动是人类的本质活动

早在石器时代，上山下海、捕鱼捉虾这些基础的生存行为，就是最基本的"劳动"。从词义上解释，劳动是发生在人与自然界之间的活动，其实质是通过人的、有意识的、有一定目的的自身活动来调整和改造自然界，使之发生物质变换，即改变自然物的形态或性质，为人类的生活需要服务。纵观整个人类文明史，从刀耕火种的原始社会，到男耕女织的农业社会；从蓬勃发展的蒸汽时代、电气时代，到如今突飞猛进的信息时代，劳动始终是推动社会车轮滚滚向前的根本动力。从古老神秘的世界七大奇迹，到举世闻名的中国古代四大发明，这些历经岁月沧桑的文明瑰宝，无不辉映着千千万万劳动人民智慧的光芒。

　　劳动改造了古猿的生理结构，使其可以直立行走，使猿转变为人；劳动推动了语言的产生，锻炼了人的身体机能，使人的大脑、感官及抽象能力、推理能力等获得发展。人通过劳动形成社会，劳动是人与人相互联系的媒介，赋予人存在的价值，促成了"完全的人"的形成。人与动物之间的根本区别在于劳动，正如毛泽东同志在《贺新郎·读史》中所写："人猿相揖别。只几个石头磨过，小儿时节。铜铁炉中翻火焰，为问何时猜得？不过几千寒热。"在漫长的进化过程中，通过制造和使用劳动工具，人类不断发展、完善。从古至今，千千万万人民用自己的辛勤劳动推动了社会的发展。在原始社会时期，原始人类通过劳动来获取食物，进而推进了自身的进化发展，也通过劳动创造了现代社会。制造工具等有意识的活动把人类劳动同动物的本能活动区别开来。黑猩猩非常擅长运用各种工具，可以用石头砸开坚果，用叶子将树洞中的水吸干，用棍子挖掘富有营养的植物根，但它们似乎没有能力将这些知识上升为先进的科技。而我们人，可以在不断的劳动过程中探索大自然，获取新的知识和技能，并将之转化为科学技术和生产力。

二、劳动创造了人类社会

　　人类为了生存下去，必须生产自己的生活资料，起初付出的是自身的体力，后来开始利用自然工具、手工工具，借助畜力、风力、水力等进行劳动。人类社会进步的基础是生产力的发展，劳动者、劳动工具、劳动对象构成了生产力的三要素。其中，劳动者是人的因素，劳动对象一般是指自然因素，而劳动工具不仅包括直接用于生产劳动的物质工具，也包括科学技术。

　　人类文化的启蒙时期是旧石器时代，这也是人类历史上最长的一个时期。这个时代的人在谋生的过程中，不断地改造自身，同时创造了文化。今天看来笨拙的石器（图1-6）是当时最伟大的发明，还有装饰品、篝火等都是后来一切文明赖以延续的原始基础。中石器时代是旧石器时代转向新石器时代的过渡阶段。这一阶段的主要特征：渔猎采集仍是人类经济生活的主要内容；工具以打制石器为主，仅有少量的磨制石器。新石器时代是以农业、家畜饲养业、陶器和磨制石器为特征的时代。从这时开始，人类便由单纯的依赖自然过渡到开发自然，劳动生产开始支配人类的生活。同样，我国的旧石器时代、中石器时代都只算是中华文明的启蒙阶段。直到距今 1 万年左右，新石器制造技术在中华大地传播发展，才标志着中华文明有了划时代的变革。我国的新石器时代经历了前后两个大的发展阶段。前期为公元前 8 000—前 3 500 年，这是新石器时代各种文化因素的发生发展时期，在中华大地上到处留下先民居住的村落和生产、生活的踪迹。他们在不断改进谋生技术的同时，创造出质朴的文化和艺术。在这个时期，黄河、长江流域，华南、西南、西北、东北到处留下先民的足迹，区域性的文化传统得到了充分的发展，并形成了各种不同的文化谱系，为文明的产生积聚了肥沃的土壤。我国的新石器时代后期，约为公元前 3 500—前 2 300 年，在这个时期，文明诸因素在我国产生、积累、升华，文明社会在此孕育、诞生。

图 1-6　成都博物馆陈列的旧石器时代的工具

三、劳动是人类实践活动的主要形式

　　劳动是改变自然对象使之适合自己需要的有目的的活动。劳动是人类创造物质财富或精神财富的活动。劳动是人类社会生存和发展的基础，主要是指生产物质资料的过程，是人维持自我生存和自我发展的唯一手段。马克思（图1-7）在《哥达纲领批判》中指出，"在劳动已经不仅仅是谋生的手段，而且本身成了生活的第一需要之后；在随着个人的全面发展，他们的生

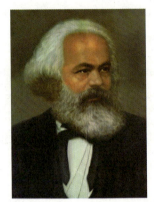

图1-7　卡尔·海因里希·马克思

产力也增长起来，而集体财富的一切源泉都充分涌流之后——只有在那个时候，才能完全超出资产阶级权利的狭隘眼界，社会才能在自己的旗帜上写上：各尽所能，按需分配"！

　　马克思和恩格斯以劳动为出发点和主线，发现了劳动在人和人类社会产生与发展中的重要作用，系统阐释了以劳动历史观、劳动幸福观、劳动解放思想为主要内容的马克思主义劳动观。

　　马克思主义认为"劳动创造了人和人类社会"这一观点论证了作为劳动者主体的人民群众是历史的创造者的基本原理，从而"在劳动发展史中找到了理解全部社会史的锁钥"，有力地批驳了"历史神创论"和"英雄史观"等唯心主义观点。劳动既是社会历史的起点和人类基本的历史活动，也是唯物史观的起点范畴和基础范畴。从这个意义上来说，马克思的唯物史观本质上就是劳动史观。劳动之于人和人类产生、发展的根本作用，正是劳动神圣、劳动伟大之根本。

　　从外延上看，"劳动"一词的定义有很多，劳动发展到当代，早已形成基于哲学、行为学、经济学等在内的综合定义。按照传统的劳动分类理论，劳动可以分为体力劳动与脑力劳动。体力劳动是人类通过消耗体力而完成的劳动。在汉

语的语言体系中，"劳动"一词也有特指体力劳动的含义，与之对应的是体力劳动者。脑力劳动是人类通过输出知识、技能而完成的劳动，需要有一定的知识和技能的储备，是一种较为复杂的劳动形式，与之对应的是脑力劳动者。

第三节　劳动成就幸福生活

对大多数人来说，劳动不仅是一种谋生手段，而且是生命的一部分。劳动如阳光、空气一样不可或缺，是激发我们创造力的源泉。正如高尔基所说："我们世界上最美好的东西，都是由劳动、由人的聪明的手创造出来的。"

马克思说："任何一个民族，如果停止劳动，不用说一年，就是几个星期，也要灭亡。"《宪法》规定，"中华人民共和国公民有劳动的权利和义务""劳动是一切有劳动能力的公民的光荣职责"。劳动创造了世界，创造了人类，创造了我们今天的幸福生活。劳动不仅创造了人的物质生活，而且充盈着人的精神世界。"我的劳动是自由的生命表现，因此是生活的乐趣。"马克思阐明了劳动幸福观，进而从"人的本质是一切社会关系的总和"的角度，阐明了幸福是物质追求和精神追求的统一、享受和创造的统一、个人幸福和社会幸福的统一。幸福不是单纯的享受，也意味着通过劳动创造物质财富和精神财富，在商品经济条件下，劳动创造财富转化为劳动创造价值；劳动不仅能为个人创造美好生活，也能给社会创造更多财富和价值。马克思主义的劳动幸福观表明，劳动是幸福的源泉，幸福来自现实劳动生活中的满足感、愉悦感和收获感，人们对幸福的追求只能在人的劳动实践中展开。因此，每个人只有把个人幸福与国家兴旺、人民幸福紧密结合起来，摒弃个人主义、拜金主义、享乐主义幸福观，树立马克思主义幸福观，辛勤劳动、诚实劳动、创造性劳动，才是真正意义上的幸福。

探索思考

马克思主义的劳动幸福观

马克思主义的劳动幸福观是以全人类的幸福，即人的自由全面发展为最高目标的。然而，私有制基础上产生的异化劳动导致人的个性不能全面发展，只能片面甚至畸形发展。马克思在重点分析了资本主义异化劳动的基础上，系统阐述了从"异化劳动"到"自由劳动"的"劳动解放"的历史意义。劳动过程是人的本质的实现过程，自由自觉的劳动是人的本质的体现，也是自由全面发展的需要。要实现真正的劳动自由，就必须通过劳动解放，消灭异化劳动，不断消除一切有悖于实现人的本质的、物质的、精神的羁绊。而劳动解放是一个历史过程，它的物质前提是生产力的高度发达和建立在其上的生产资料公有制，只有到了那时，生产劳动就不再是奴役人的手段，而成了解放人的手段。因此，劳动解放是全人类的使命，与每个时代的每一个人息息相关，任何个人都不能把自己在生产劳动这个人类生存的自然条件中所应参加的部分推到别人身上。只有通过世世代代的劳动，才能把劳动生产力不断推向一个又一个新的高度，为消灭异化劳动创造物质前提。"诚实劳动、勤勉劳动"便是劳动解放意义上的劳动教育意蕴。

仔细阅读以上内容，认真思考以下两个问题：

1．马克思主义的幸福观为什么要围绕劳动展开？

2．如何理解"诚实劳动、勤勉劳动"的价值指向？

劳动是人类真正的生命活动，是人本质力量的外在表现。通过劳动，人们不仅可以获得自身的物质需要，而且可以获得精神上的满足感、快乐感。劳动给我们提供了生活上的必需品，我们只有拥有了这些生活必需品，才能使人类的文明现代化进程成为可能。

马克思主义劳动学说认为，劳动和自然界一起构成一切财富的源泉。自然界为劳动提供材料，劳动把材料变为财富。人有目的地作用于自然界，利用劳动改变自然物的形态与性质，使各种原料成为人类生活需要的财富，借以满足人们的需要。正是因为劳动创造，我们拥有了历史的辉煌；也正是因为劳动创造，我们拥有了今天的成就。从物质文明到精神文明，从文学、艺术、哲学、历史到衣、食、住、行，没有劳动，便没有今天的幸福生活。人世间的美好梦想，只有通过诚实劳动才能实现；发展中的各种难题，只有通过诚实劳动才能破解；生命里的一切辉煌，只有通过诚实劳动才能铸就。

劳动力是伟大的生产力，而生产力、社会发展力构成了社会发展的动力体系。人类社会的运动、变化、发展是由这个社会动力系统推动的。改革开放之后，我国经济社会发展取得了巨大成就，人们生活水平日益提高。这些成就是社会动力系统不断发展取得的成果。

劳动托起复兴梦想。几千年来，中华儿女对美好生活的向往，对社会发展的不懈追求，为中国梦的实现奠定了坚实的基础。中国是一个拥有 14 亿多人口的大国，中国梦的实现本身就是对个人梦实现的融合，人民群众创造了历史，劳动开创未来。劳动是推动人类社会进步发展的根本力量，因此必须紧紧依靠广大劳动人民，强化劳动的主人翁地位，给劳动者个人的人生价值的实现创造更有利的条件，激发劳动者做新时代的奋斗者，把自己的事情办好，实现个人的幸福，最终实现中国梦。

劳动成就国家富强。推动事业发展，实现美好蓝图，需要依靠全体劳动人民的智慧和创造。"空谈误国，实干兴邦"，只有脚踏实地地劳动，真抓实干、埋头苦干，才能实现个人和社会发展，进而实现国家发展。无论时代怎样变化，无论技术怎样进步，无论经济怎样发展，劳动者的创造与奉献始终是历史前进的动力。用劳动托起个人梦、民族梦、中国梦，进而把我国建成富强民主文明和谐美丽的社会主义现代化强国。

思考与实践

一、名词解释

劳动　劳动者　劳动文化　劳动价值

二、简答题

有哪些古代诗词是描述劳动场景的？试举一例，并分析当时劳动者的生活状态。

三、论述题

如何理解"劳动创造了人本身"这一重要论断？

四、实践活动

"劳动"的探索与发现

实践目标

通过文献检索、资料查询，结合实地劳动场景的观察、调研，更进一步认识和理解"劳动"的内涵和外延。

实践操作

1.通过文献检索，收集关于劳动的相关资料，制作关于"劳动"的知识小卡片。

劳动是＿＿＿＿＿＿＿＿＿＿＿＿＿＿＿＿＿＿＿＿＿＿

＿＿＿＿＿＿＿＿＿＿＿＿＿＿＿＿＿＿＿＿＿＿＿＿＿＿

＿＿＿＿＿＿＿＿＿＿＿＿＿＿＿＿＿＿＿＿＿＿＿＿＿＿

＿＿＿＿＿＿＿＿＿＿＿＿＿＿＿＿＿＿＿＿＿＿＿＿＿＿

马克思主义劳动观认为_____

_____

_____

_____

_____

2. 深入到校园生活劳动、社会生产劳动的具体场景中去，深化对劳动概念的认识。

劳动场景_____

_____

_____

_____

_____

主要负责的任务_____

_____

_____

_____

_____

劳动成果展示_____

_____

_____

_____

_____

_____

实践成果

通过阅读文献资料和实地调研劳动场景，谈谈你对"劳动"的认识和理解。

_____

_____

_____

_____

_____

_____

_____

_____

_____

_____

_____

第二章
认识劳动的前世今生

学习目标

知识目标：掌握四次工业与技术革命进程的历史。

技能目标：正确认识当今与未来不同的劳动形态。

素质目标：深入理解劳动与经济社会进步的关系。

扫一扫 学一学

课堂导入

科学家贝尔的故事

亚历山大·格拉厄姆·贝尔，1847 年出生于英国苏格兰，他的祖父、父亲都从事聋哑人的教育事业，受家庭的影响，他从小就对声学和语言学有着浓厚的兴趣。开始，他的兴趣是在研究电报上。有一次，当他在做电报实验时，偶然发现了一块铁片在磁铁前振动会发出微弱声音的现象，而且他还发现这种声音能通过导线传向远方，这给贝尔以很大的启发。他想，如果对着铁片讲话，不也可以引起铁片的振动吗？这就是贝尔关于电话的最初构想。

贝尔为发明电话所做的努力得到了当时美国著名的物理学家约瑟夫·亨利的鼓励。亨利对他说："你有一个伟大发明的设想，干吧！"当贝尔说到自己缺乏电学知识时，亨利说："学吧。"在亨利的鼓舞下，贝尔开始了实验。一次，他不小心把瓶内的硫酸溅到了自己的腿上，他疼得喊叫起来："沃森先生，快来帮我啊！"想不到，这一句极为普通的话，竟成了人类通过电话传送的第一句话音。正在另一个房间工作的贝尔先生的助手沃森，是第一个从电话里听到声音的人。贝尔在得知自己试验的电话已经能够传送声音时，热泪盈眶。当天晚上，他在写给母亲的信中预言："朋友们各自留在家里，不用出门也能互相交谈的日子就要到来了！"电话是一个时代的产物，它凝聚着包括贝尔在内的许多电话发明家的智慧和汗水。

[资料来源：贝尔发明电话的故事（贝尔的一生）[EB/OL].科能融合，2023-07-23.]

人类从传统社会进入现代社会，源于一系列技术革命带来的深刻的社会变革。从劳动的视角看，最明显的变化就是机器化大生产时代的降临，使人们从手工劳动中解放出来，尤其是通过三次技术革命，社会变革的脚步逐渐加快，经济发展进入快车道，社会变化日新月异，现代社会的曙光正是从机器劳动的诞生中冉冉升起。三次技术革命和三次产业升级，将人类社会由农业社会推进到工业社会，创造了人类社会的现代文明。

每次技术革命都起源于某一两项具有根本性和强大带动性的重大技术的突破，引发新的技术体系的建立和新的产业升级。在18世纪60年代、19世纪60年代兴起的前两次工业革命中，主要是以能源动力的革新技术为标志，从简单的自然力转向蒸汽动力、电力等二次能源，人类生产力由手工生产力上升为机器生产力，农耕文明向工业文明过渡，人类社会先后进入蒸汽时代和电气时代。第三次科技革命以原子能技术、电子计算机、空间技术、生物工程技术的发明和应用为主要标志，是涉及信息、新能源、新材料、生物、空间和海洋等诸多领域的一场信息控制技术革命。第三次科技革命不仅极大地推动了人类社会经济、政治、文化领域的变革，而且影响了人类的生活方式和思维方式。随着科技的不断进步，人类的衣、食、住、行、用等日常生活的各个方面也在发生重大的变革。

第一节　第一次工业革命与社会进步

从 18 世纪 60 年代开始，机器劳动（图 2-1）逐渐取代了手工劳动，实现了人类生产技术的一次重大突破，新能源的使用是人类认识和利用自然力的又一大飞跃。机器劳动不仅被推广至整个工业部门，甚至影响人类社会的政治、经济、文化、国际关系，形成了席卷世界的产业革命浪潮。

图 2-1　蒸汽火车

机器劳动极大地提高了生产力，科学技术是机器劳动提高生产率的关键。工业革命使工厂代替了手工工场，劳动技术体系从"手工—体力"体系转变为"机器—电力"体系，生产过程中机器的使用率越来越高，劳动日益简单化。互换式生产方式、连续作业法、大量生产方式及基于电子技术的自动化生产方式，能够大幅减少人工劳动，在短时间内制造出数量更多、质量更好的产品，实现高效率生产。

知识链接

"一脚踢出来的"工业革命

1764年的一天，英国纺织工詹姆斯·哈格里夫斯晚上回家开门后，不小心一脚踢翻了妻子正在使用的纺纱机，当时他的第一反应就是赶快把纺纱机扶正。当他弯下腰的时候，却突然愣住了，原来他看到那被踢倒的纺纱机还在转，只是原先横着的纱锭变成直立的了。他猛然想到：如果把几个纱锭都竖着排列，用一个纺轮带动，不就可以一下子纺出更多的纱了吗？哈格里夫斯非常兴奋，马上试着干，第二天他就造出用一个纺轮带动八个竖直纱锭的新纺纱机，功效一下子提高了八倍，但仍然要用人力。他于1764年制成以他女儿珍妮命名的纺纱机。珍妮纺纱机的出现，使大规模的织布厂得以建立。珍妮纺纱机的发明被视为第一次工业革命的开端。

18世纪60年代，在英国的资本主义生产中，大机器生产开始取代工厂手工业，生产力得到突飞猛进的发展，历史上把这一过程称为"工业革命"。工业革命首先出现于工场手工业中新兴的棉纺织业。1733年，机械师约翰·凯伊发明了"飞梭"，大大提高了织布的速度，纺纱顿时供不应求。1764年，织工哈格里夫斯发明了"珍妮纺纱机"（图2-2），"珍妮纺纱机"的出现首先在棉纺织业引发了发明机器、进行技术革新的连锁反应，揭开了工业革命的序幕。从此，在棉纺织业中出现了骡机、水力织布机等先进机器。不久，在采煤、冶金等许多工业部门，也都陆续有了机器生产。随着机器生产越来越多，原有的动力，如畜力、水力和风力等已经无法满足需要。1785年，发明家詹姆斯·瓦特制成的改良型蒸汽机投入使用，提供了更加便利的动力，得到迅速推广，大大推动了机器的普及和发展。人类社会由此进入"蒸汽时代"。

图 2-2 珍妮纺纱机

随着工业生产中机器生产逐渐取代手工操作，传统的手工业无法适应机器生产的需要。为了更好地进行生产管理、提高效率，资本家开始建造工房、安置机器、雇佣工人集中生产，这样，一种新型的生产组织形式——工厂出现了。工厂成为工业化生产的最主要的组织形式，发挥着日益重要的作用。机器生产的发展，促进了交通运输事业的革新，为了快捷便利地运送货物、原料，人们想方设法地改造交通工具。

1807 年，美国发明家罗伯特·富尔顿制成的以蒸汽为动力的汽船试航成功。1814 年，英国发明家乔治·斯蒂芬森发明了蒸汽机车。1825 年，斯蒂芬森亲自驾驶一列拖有 34 节小车厢的火车试驾成功。从此，人类的交通运输业进入一个以蒸汽为动力的时代。1840 年前后，英国的大机器生产基本取代了传统的工场手工业，工业革命基本完成。英国成为世界上第一个工业国家。

18 世纪末，工业革命逐渐从英国向西欧大陆和北美传播。后来，又扩展到世界其他地区。法国是最早受到工业革命影响的国家之一。18 世纪末到 19 世纪初，法国一些纺织业已经开始使用机器和蒸汽动力，其他工业部门也逐渐效仿。19 世纪起，法国工业革命的进程加快。19 世纪中期，法国工业革命已经基本完成，法国成为当时仅次于英国的工业国家。但是，由于受中小型企业、小农经济长期大量存在，高利贷资本发达等诸多因素的影响，法国企业经营分散，新技术、

新机器的发明和推广比较困难，工业劳动力和工业资本相对比较缺乏，商品市场也不景气，在一定程度上阻碍了法国工业革命的发展。

大约与法国同时，美国也开始了工业革命。美国发展工业革命的条件得天独厚：国内资源丰富、市场广阔；国际环境优越、少受战争之害；大量外国移民涌入，提供了廉价的劳动力，还带来了先进的生产技术和生产经验。19 世纪以后，美国工业革命迅速发展，涌现出许多发明成果，如轧棉机、缝纫机、拖拉机和轮船等，特别是采用和推广机器零件的标准化生产方式，大大促进了机器制造业的发展，推动了机器的普及。19 世纪中期，美国完成工业革命。

19 世纪早期，德意志一些地区开始了工业革命，从此以后，德意志的纺织业、冶金、采煤、农业化学和铁路运输等部门虽然有一定程度的发展，但是四分五裂的政治局面严重阻碍了德意志工业革命的发展进程。19 世纪中期前后，工业革命在西欧和北美轰轰烈烈进行的同时，也在向世界其他地区不断扩展，俄国、日本等国家也陆续开始了工业革命。

18 世纪从英国发起的技术革命从生产领域产生变革，需要提供动力支持，蒸汽机的改良推动了机器的普及和大工厂制的建立，从而推动了交通运输领域的革新，这场技术发展史上的巨大革命，开创了以机器代替手工劳动的时代。这不仅是一次技术改革，更是一场深刻的社会变革，推动了经济领域、政治领域、思想领域、世界市场等诸多方面的变革。

第一次工业革命是以工作机的诞生开始的，它以蒸汽机作为动力机被广泛使用为标志。这一次技术革命和与之相关的社会关系的变革，被称为第一次工业革命或产业革命。第一次工业革命使工厂制代替了手工工场，用机器代替了手工劳动。从社会关系来说，工业革命使欧美依附于落后生产方式的自耕农阶级消失了，使工业资产阶级和工业无产阶级形成和壮大起来。第一次工业革命大大加强了世界各地之间的联系，改变了世界的面貌，最终确立了资产阶级对世界的统治地位。率先完成了工业革命的英国，很快成为世界霸主。

第一次工业革命极大地提高了生产力，巩固了资本主义各国的统治地位。随着资产阶级力量的日益壮大，他们希望进一步加强自身的经济和政治地位。第一次工业革命要求进一步解除封建压迫，实行自由经营、自由竞争和自由贸易。资产阶级通过革命和改革，逐渐巩固自己的统治。第一次工业革命引起了社会的重大变革，使社会日益分裂成两大对抗阶级，即工业资产阶级和无产阶级。无产阶级辛勤劳动，直接创造财富，却相对日益贫困，他们为了改善自己的处境，同时在和资产阶级进行斗争，工人运动兴起。工业革命还促进了近代城市化的兴起。

第二节　第二次工业革命与工业社会

1870 年以后，科学技术的发展突飞猛进，各种新技术、新发明层出不穷，并被迅速应用于工业生产，大大促进了经济的发展，这就是第二次工业革命。当时，科学技术的突出发展主要表现在三个方面，即电力的广泛应用、内燃机和新交通工具的创制、新通信手段的发明。

第二次工业革命以电力的广泛应用为显著特点。从 19 世纪六七十年代开始，出现了一系列电气发明。例如，德国发明家维尔纳·冯·西门子制成发电机，比利时发明家齐纳布·格拉姆发明电动机。电力开始用于带动机器，成为补充和取代蒸汽动力的新能源。电力工业和电器制造业迅速发展起来。人类跨入"电气时代"。

19 世纪早期，人们发现了电磁感应现象，根据这一现象，对电做了深入的研究。在进一步完善电学理论的同时，科学家们开始研制发电机。1866 年，西门子制成一部发电机，后来几经改进，逐渐完善，到 19 世纪 70 年代，实际可用的发电机问世。电动机的发明，实现了电能和机械能的互换。随后，电灯、电车、电钻、电焊机等电气产品如雨后春笋般涌现出来。

第二次工业革命的又一重大成就是内燃机的发明和应用。19世纪七八十年代，以煤气和汽油为燃料的内燃机相继诞生。19世纪90年代，柴油机创制成功。内燃机的发明，解决了交通工具的发动机问题。1885年，德国发明家卡尔·弗里特立奇·本茨成功地制造了第一辆由内燃机驱动的汽车。内燃机车、远洋轮船、飞机等也得到迅速发展。内燃机的发明，还推动了石油开采业的发展和石油化工工业的产生。

20世纪初，以内燃机为动力的飞机飞上蓝天，实现了人类翱翔天空的梦想。随着内燃机的广泛使用，石油的开采量和提炼技术也大大提高。1870年，全世界只生产了大约80万吨石油，到1900年已猛增到2 000万吨。

第二次工业革命期间，电信事业的发展尤为迅速。继有线电报出现之后，电话、无线电报相继问世，为快速传递信息提供了方便。从此，世界各地的经济、政治和文化联系进一步加强。

一、第二次工业革命和第一次工业革命的区别

首先，在第一次工业革命时期，许多技术发明都来源于工匠的实践经验，科学和技术尚未真正结合；而在第二次工业革命期间，自然科学的新发展开始同工业生产紧密结合起来，在科学地推动生产力发展方面发挥了更为重要的作用，它与技术的结合使第二次工业革命取得了巨大的成果。

其次，第一次工业革命首先发生在英国，重要的新机器和新生产方法主要是在英国发明的，其他国家工业革命发展相对缓慢；而第二次工业革命几乎同时发生在几个先进的资本主义国家，新的技术和发明超出了一国的范围，其规模更加广泛，发展也比较迅速。

最后，第二次工业革命开始时，有些主要资本主义国家，如日本，尚未完成第一次工业革命，对它们来说，两次工业革命是交叉进行的。它们既可以吸收第一次工业革命的技术成果，又可以直接利用第二次工业革命的新技术，这些国家

的经济发展速度也比较快。

二、第二次工业革命的影响

第一，电力、煤炭等能源的大规模应用，直接促进了重工业的发展，使大型的工厂能够方便、廉价地获得持续有效的动力供应，进而使大规模的工业生产成为可能，并为之后的经济垄断奠定了基础。

第二，内燃机的发明，解决了长期困扰人类的动力不足的问题，也促进了发动机的出现。而发动机的发明，又解决了交通工具的问题，推动了汽车、远洋轮船、飞机的迅速发展，使人类的足迹遍布全世界，也让各个地区的文化、贸易交流更加便利。

第三，通信工具的发明。19世纪30年代，美国画家塞缪尔·莫尔斯等人发明了电报；19世纪70年代，美籍意大利人安东尼奥·梅乌奇等人发明了电话。自此之后，人与人之间的交流就不再局限于面对面的谈话。

第四，化工业的迅猛发展。现代炸药的发明，大大促进了军工业的进步，并引发了人类战争的变革和升级。从煤炭、石油中提取的各种化合物、塑料、人造纤维，先后被投入实际生活。

上述的四类发明和应用，对第二次工业革命产生了决定性的作用，人类开始通过科学研究来获得纯粹的知识，然后又反过来促进理论的应用。

第三节 第三次工业革命与现代社会

从20世纪四五十年代开始的新科学技术革命，以原子能技术、航天技术、电子计算机技术的应用为代表，还包括人工合成材料、分子生物学和遗传工程等高新技术。这次科技革命被称为"第三次工业革命"。

第三次工业革命的出现，既是由于科学理论出现重大突破，一定的物质、技

术基础的形成，也是由于社会发展的需要，特别是第二次世界大战期间和第二次世界大战后，各国对高科技的迫切需要。第三次工业革命是发生在第二次世界大战后科技领域的重大革命。空间技术的利用和发展是这次革命的一大成果。1957 年，苏联发射了世界上第一颗人造地球卫星，开创了空间技术发展的新纪元，也极大地刺激了美国。1958 年，美国也发射了人造地球卫星。但 1959 年苏联取得了一项新成就：苏联发射的"月球 2 号"卫星成为最先把物体送上月球的卫星。正在美国人瞠目结舌之时，苏联航天员尤里·阿列克谢耶维奇·加加林又在 1961 年乘坐飞船率先进入太空。美国不甘落后，开始了 19 世纪 60 年代规模庞大的登月计划，终于在 1969 年实现了人类登月的梦想。19 世纪 70 年代以来，空间活动由近地空间为主转向飞出太阳系。1981 年 4 月 12 日，美国第一个可以连续使用的哥伦比亚号航天飞机试飞成功，并于两天后安全降落。它身兼火箭、飞船、飞机等特性，是航天事业的重大突破。1970 年以来，中国航天空间技术迅速发展，现已跻身于世界航天大国之列（图 2-3）。

图 2-3　内蒙古博物院展出的航天器模型

第三次工业革命的成果表现为原子能技术的利用和发展。1945年，美国成功试制原子弹。1949年，苏联也试爆原子弹成功。1952年，美国又成功试制氢弹。1953—1964年，英国、法国和中国相继试制核武器成功。原子能的技术首先被应用于军事领域，和平利用原子能工业也有一定发展。1954年6月，苏联建成第一个原子能电站。1957年，苏联第一艘核动力破冰船下水。到1977年，世界上有22个国家和地区拥有核电站反应堆229座。

电子计算机技术的利用和发展是另一重大突破。19世纪40年代后期的电子管计算机为第一代计算机。1959年，出现晶体管计算机，其运算速度每秒在100万次以上，1964年达到每秒300万次。19世纪60年代中期，出现许多电子元件和电子线路集中在很小的面积或体积上的集成电路，每秒运算达千万次，它适应一般数据处理和工业控制的需要，使用方便。19世纪70年代发展为第四代大规模集成电路，1978年的计算机每秒可运算1.5亿次。19世纪80年代发展为智能计算机。19世纪90年代出现光子计算机、生物计算机等。大体上每隔5—8年，运算速度提高十倍，体积缩小十分之九。中国自行设计研制的"银河"巨型计算机（图2-4）每秒也可计算上亿次。

图2-4 "银河"巨型计算机（Ⅱ型）

第三次工业革命同前两次革命相比，有三个特点：首先，科学技术在推动生产力发展方面起越来越大的作用，科学技术转化为直接生产力的速度加快。其次，科学和技术密切结合，相互促进。随着科学实验手段的不断进步，科研探索的领域也在不断开阔。最后，科学技术各个领域之间相互联系加强，在现代科技发展的情况下，出现了两种趋势，即学科越来越多，分工越来越细，研究越来越深入化；学科之间的联系越来越密切，相互联系渗透的程度越来越深，科学研究朝着综合性方向发展。

从 1980 年开始，微型计算机迅速发展。电子计算机的广泛应用，促进了生产自动化、管理现代化、科技手段现代化和国防技术现代化，也推动了情报信息的自动化。以全球互联网络为标志的信息高速公路正在缩短人类交往的距离。同时，合成材料的发展，遗传工程的诞生，以及信息论、系统论和控制论的发展，也是这次技术革命的结晶。

第三次工业革命不仅极大地推动了人类社会经济、政治、文化领域的变革，而且也影响了人类的生活方式和思维方式。随着科技的不断进步，人类的衣、食、住、行、用等日常生活的各个方面也在发生重大的变革。第三次工业革命，推动了社会生产力的发展。以往，人们主要是依靠提高劳动强度来提高劳动生产率，但在第三次工业革命条件下，主要是通过生产技术的不断进步、劳动者素质和技能的不断提高、劳动手段的不断改进，来提高劳动生产率。

第三次工业革命加剧了资本主义各国发展的不平衡，使资本主义各国的国际地位发生了新变化，也使社会主义国家在与西方资本主义国家抗衡的斗争中，贫富差距逐渐拉大，促进了世界范围内社会生产关系的变化。第三次工业革命，促进了社会经济结构和社会生活结构的重大变化，造成第一产业、第二产业在国民经济中的比重下降，使第三产业的比重上升。为了适应科技的发展，资本主义国家普遍加强国家对科学领域研究的支持，大大加强了对科学技术的扶持和资金投入。

第三次工业革命使科学技术大幅度提高，为世界文化的发展提供了雄厚的物质基础，并使全球的文化联系越来越密切，现代化呈现出多元化的特点。在科学研究上，出现了各学科之间相互渗透的新特点，新的学术与科技思潮不断涌现。当今的国际竞争主要是以经济、科技和军事实力为核心的综合国力的竞争，因此教育的战略地位日益受到各国的重视，出现了世界性的教育改革新潮。

第四节　第四次工业革命与未来社会

20世纪后期，第四次工业革命浪潮兴起。以人工智能、新材料技术、分子工程、石墨烯、虚拟现实、量子信息技术、可控核聚变、清洁能源以及生物技术等为技术突破口的新一轮工业革命、产业变革正在改变人类社会。通过人与智能机器的合作共事，扩大、延伸和部分地取代了人类专家在制造过程中的脑力劳动，改变了人类生活的方方面面。除了计算机网络技术带来的革命性变化外，第四次工业革命还主要基于网络物理系统的出现。网络物理系统将通信的数字技术与软件、传感器和纳米技术相结合，在此基础上，生物、物理和数字技术的融合将改变我们今天所知的世界。

第四次工业革命主要涉及的技术领域有以下几个方面：

（1）新计算技术。新的计算技术使小型化、快速化的计算机逐渐普及，意味着设备渗透到城市环境、消费品、住房，甚至人体内，这些设备将是全球网络的一部分。

（2）区块链技术。区块链技术是一种分布式数字账本，有助于安全共享数字记录和信息，保护数据对象和信息价值，这有助于向传统上未能分享经济效益的群体分配更为合理的效益。

（3）物联网技术。物联网不仅仅是接入互联网的智能家电及其提供的服务，其真正价值在于收集、分析和管理数据，发掘意外关联和机遇，预测颠覆性趋势。

对数据流的监测是其发展的主要挑战。

（4）人工智能。人工智能的迅速发展，归功于机器学习。目前，机器学习在有限场景，包括游戏（图2-5）、医疗诊断及汽车自动驾驶系统（图2-6）中的互动表现甚至优于人类。

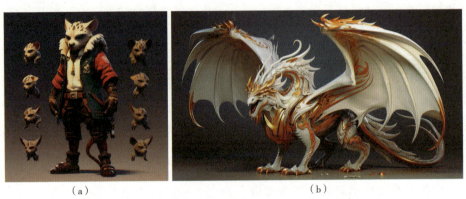

（a）　　　　　　　　　　（b）

图2-5　结合ChatGPT和Midjourney生成的游戏概念设计图

图2-6　智能快递运输车

（5）先进材料。材料科学的进步，为技术的发展赋予了更多力量，进而变革世界秩序，影响人类的生活。但是在每个行业中，材料的发展要求我们以对生态负责的方式去获取，并且要保护环境。

（6）多维打印。3D打印和增材制造技术突破了传统制造技术的局限，可生产某些特殊零件和产品。凭借定制产品和服务的优势，3D打印正在影响我们的餐饮、健康及航空技术。

（7）生物技术。生物技术在生物材料领域的应用会影响医疗保健和食品等行业的生物产品生产，还会影响所有利用微生物生产化学品和定制材料的行业。它的有效发展还需要依靠人本主义的价值观。

（8）地球工程。地球工程师对地球自然系统的大规模干预，是通过减少温室气体或改变大气过程，对气候变化的理论性技术干预，这需要我们制定全球政府间合作的框架，共同推进。

（9）空间技术。随着私营企业的成长和政府的投资，空间探索和商业化进程不断向前迈进。空间领域蕴含的巨大机遇，也推动着微芯片、软件工程等技术的进步，形成了正反馈回路，推动空间技术的繁荣。

当前，智能机器系统正在逐步推广使用，智能自动化生产体系将逐步代替技能自动化生产体系。机器的职能逐步接近人的智能，日渐成为人类社会主流的生产工具。机器劳动将升级为智能劳动，成为人类劳动的主要形态。智能劳动水平是当前衡量一个国家创新能力和核心竞争力的标尺。智能劳动还能促进劳动者的进一步解放。智能机器或产品被投入各行各业，在更开放、更不确定的场景下，以更近似人类的方式工作，更加密切地与人类相处，通过各种触觉、视觉和听觉传感器，模拟人的感知功能而进行劳动。因此，智能劳动是机器劳动后，更高水平地将劳动者从枯燥、繁重、危险的劳动中解放出来的劳动形态。同时，智能劳动为个人独立存在创造了更多的条件，劳动的地点、时间、指挥命令等约束渐渐消失，劳动者更多地依赖于知识、技术和智慧，劳动方式逐渐自由化，人不一定被限定在现实工作场所进行分工协作，劳动者之间可以"隔空对话"。部分劳动者从固定职业者向自由劳动者转变，劳动者可以"多点执业"，劳动变得更加灵活。

在智能劳动时代，科学技术转化为直接生产力的速度加快，劳动者在一定时间内使用的生产资料越来越多，而单位产品中包含的劳动量减少，相应地带来成本的降低、经济效益的提升。此外，智能劳动能够有效提升管理效率，企业

能够充分运用超大容量的数据，客观地分析运营情况，进行更多分析型的管理实践。智能劳动在提高劳动效率的同时，也在改变劳动的职业形态，一大批新的劳动岗位正在被创造出来，将形成新的职业。

新职业的悄然兴起，改变了人们的生活，过去人们常说的"三百六十行"，变成如今的千行百业。新职业的出现，一头连着技术革新，另一头连着需求升级，推动相关行业加速转型升级。

人工智能科学家李开复在《AI·未来》一书中，根据社交、技能、结构等指标，将体力劳动就业风险划分为危险区、结合区、慢变区和安全区。其中，"危险区"的职业最容易被替代；"结合区"的职业的幕后优化工作可能由机器完成，但仍需要人类员工来做客户的社交接口，人类和机器形成共生关系；"慢变区"的职业需要巧妙的手工和创造性，或适应非结构化环境的能力，这仍是人工智能的短板，它消失的速度取决于人工智能能力的实际扩展；"安全区"的职业则相对安全。具体如图 2-7 所示。

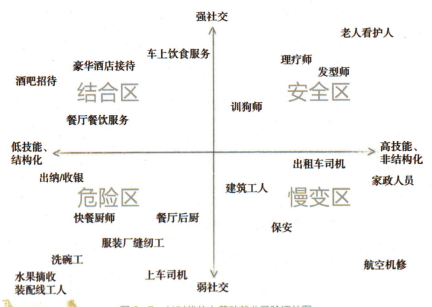

图 2-7 AI时代体力劳动就业风险评估图

体力劳动中的技能型、非结构化职业在人工智能时代属于安全区或慢变区，比较难以被取代。因此，作为未来"技能大军"的一员，要做的就是磨炼好从业本领，顺应时代变化，拥抱时代来临。

未来，即使有些职业会被人工智能替代，但同时也会催生更多的职业与岗位，以服务人工智能平台，促进传统产业与人工智能的融合。

思考与实践

一、名词解释

社会分工　工业革命　现代社会　第四次工业革命

二、简答题

第一次和第二次工业革命分别给人类社会带来哪些影响？

三、论述题

劳动在每一次工业和技术革命中是如何发挥作用的？技术革命又给人类劳动带来了什么变化？

四、实践活动

"未来职业"与"职业未来"

实践目标

通过文献检索、资料查询，熟悉自己所学专业的未来就业方向，更进一步了解职业前景，为学好专业打下基础。

实践操作

1. 通过文献检索，收集关于职业的相关资料，制作关于"职业"的知识小卡片。

职业是＿＿＿＿＿＿＿＿＿＿＿＿＿＿＿＿＿＿＿＿＿＿＿＿＿＿＿＿＿＿＿＿＿＿

＿＿＿＿＿＿＿＿＿＿＿＿＿＿＿＿＿＿＿＿＿＿＿＿＿＿＿＿＿＿＿＿＿＿＿＿

我未来可能从事的职业是_____

_____

_____

2. 我未来可能从事的职业主要服务于哪些方面？

服务对象_____

_____

_____

_____

行业领域_____

_____

_____

_____

未来前景_____

_____

_____

_____

实践成果

通过阅读文献资料和深入思考，谈谈你对"职业未来"的认识。

_____

_____

_____

_____

_____

_____

第三章

劳动观念与劳动教育

学习目标

知识目标： 掌握马克思主义劳动观在新时代的发展。

技能目标： 理解劳动与实现强国建设民族复兴之间的联系，为民族复兴贡献自己的力量。

素质目标： 强化服务人民的劳动情怀，涵养勤恳朴实的劳动品德。

课堂导入

我们的根扎在劳动人民之中

习近平与劳动人民在一起

习近平青年时期的基层经历和劳动经验，让他深知劳动是锤炼作风、联系群众的重要法宝。

思政小课堂

我们要在全社会大力弘扬劳动光荣、知识崇高、人才宝贵、创造伟大的时代新风，促使全体社会成员弘扬劳动精神，推动全社会热爱劳动、投身劳动、爱岗敬业，为改革开放和社会主义现代化建设贡献智慧和力量。劳动模范和先进工作者、先进人物不仅自己要做好工作，而且要身体力行向全社会传播劳动精神和劳动观念，让勤奋做事、勤勉为人、勤劳致富在全社会蔚然成风。特别是要通过各种措施和方式，教育引导广大青少年牢固树立热爱劳动的思想、牢固养成热爱劳动的习惯，为祖国发展培养一代又一代勤于劳动、善于劳动的高素质劳动者。

——习近平 2014 年 4 月 30 日在乌鲁木齐接见劳动模范和先进工作者、先进人物代表时的讲话

扫一扫 学一学

1969年初，不满16岁的习近平主动申请到陕北农村插队，来到延川县文安驿公社梁家河大队。在梁家河，他与劳动人民吃住在一起，"真诚地去和乡亲们打成一片，自觉地接受艰苦生活的磨炼"，从一个"不谙世事的孩子"成长为"种地的好把式"。成为梁家河大队党支部书记后，他与乡亲们一起种地、打井、打坝、修公路，发展生产，改变家乡的面貌……

习近平后来回忆感慨："我生活在他们中间，劳作在他们中间，已经不分彼此。"同时，他也在劳动人民中间学到了农民实事求是、吃苦耐劳的精神。

离开梁家河，习近平依然坚持劳动不忘本的良好习惯。在正定乡村考察时，习近平正赶上乡亲们锄地、间苗，他拿起锄头、撸起袖子就跟乡亲们一起干起来，手法和老农一样熟练。这让同行的人都不由吃了一惊。在宁德，他不仅参与劳动，还对劳动进行了深层次的思考。他曾在《摆脱贫困》一书中写道："农村劳动力如果继续束缚在原有规模的耕地上，倚锄舞镰，沿袭几千年来日出而作、日落而息的耕作老传统，进行慢节奏、低效率的生产劳动，那就不是一件好事。反之，用改革开放的眼光看待劳动力的大量转移，会惊喜地发现，我们又获得了一种极其宝贵、可待开发、可能创造巨大价值的崭新资源。"在浙江，他换上矿工服，戴上安全帽，乘罐笼下到近千米的井底，弯腰弓身沿着低矮狭窄的斜井走了1 500多米，来到采矿点看望、慰问在井下采煤的工人，并与工人们一起吃饺子。

赞美劳动者、致敬劳动者

从劳动人民中间走出来的习近平，对于劳动者一直十分关心、支持。党的十八大以来，他多次与劳动群众一起出席活动，同代表谈心、给劳模回信、为劳动者鼓劲，展现了人民领袖同劳动群众面对面、心贴心、实打实的深情厚谊。

2013年4月28日，习近平总书记来到全国总工会机关，同全国劳动模范代表座谈，并发表重要讲话。他强调，全社会都要贯彻尊重劳动、尊重知识、尊重人才、尊重创造的重大方针，维护和发展劳动者的利益，保障劳动者的权利。

2014年4月30日，正在新疆考察工作的习近平总书记在乌鲁木齐接见劳动模范和先进工作者、先进人物代表，并同他们座谈。习近平总书记在座谈会上强调，劳动模范和先进工作者、先进人物不仅自己要做好工作，而且要身体力行向全社会传播劳动精神和劳动观念，让勤奋做事、勤勉为人、勤劳致富在全社会蔚然成风。2015年4月28日，习近平总书记在庆祝"五一"国际劳动节暨表彰全国劳动模范和先进工作者大会上发表重要讲话。他指出，全面建成小康社会，进而建成富强民主文明和谐的社会主义现代化国家，根本上靠劳动、靠劳动者创造。无论时代条件如何变化，我们始终都要崇尚劳动、尊重劳动者，始终重视发挥工人阶级和广大劳动群众的主力军作用。

2016年4月26日，习近平总书记在安徽合肥主持召开知识分子、劳动模范、青年代表座谈会。他指出，劳动模范是劳动群众的杰出代表，是最美的劳动者。劳动模范身上体现的"爱岗敬业、争创一流，艰苦奋斗、勇于创新，淡泊名利、甘于奉献"的劳模精神，是伟大时代精神的生动体现。

2018年4月30日，习近平总书记给中国劳动关系学院劳模本科班学员回信。他在信中写道："社会主义是干出来的，新时代也是干出来的。希望你们珍惜荣誉、努力学习，在各自岗位上继续拼搏、再创佳绩，用你们的干劲、闯劲、钻劲鼓舞更多的人，激励广大劳动群众争做新时代的奋斗者。"他同时强调，全社会都应该尊敬劳动模范、弘扬劳模精神，让诚实劳动、勤勉工作蔚然成风。

习近平总书记的系列重要讲话，凝聚着一个鲜明的主题：赞美劳动者、致敬劳动者。一句句饱含深情的话语，让广大劳动群众倍感温暖与振奋，也成为新时代全体劳动人民努力奋斗的不竭动力。

（资料来源：李江雪.习近平与劳动人民在一起[EB/OL].央广网，2023-05-01.）

伟大的事业需要伟大的实践，人民群众是实践的主体。党的十八大以来，习近平总书记在充分继承马克思主义劳动观和中华优秀传统文化的基础上，多

次围绕中国梦、劳动、劳动者、劳模精神等内容进行深刻阐述，内涵丰富、思想深邃。

第一节 树立正确劳动观念

一、劳动实践观

马克思主义实践观认为，人的实践活动具有自主性，人通过实践不但能够认识客观规律，而且能够利用客观规律，使客观规律为人所用。同时，实践还具有创造性，能够创造出自然界本身不具有的事物。实践的自主性和创造性一起，共同体现了人的主体性特征。全面建成小康社会，进而建成富强民主文明和谐美丽的社会主义现代化强国，根本上靠劳动、靠劳动者创造。这一论述彰显了一个基本观点，即"社会主义是干出来的"，充分体现了马克思主义实践观思想。同时，这一论述也深刻揭示了梦想与现实的辩证关系：梦想的实现要靠持之以恒的劳动，架起梦想与现实之间桥梁的是实实在在的行动，即劳动实践。也只有在劳动实践中，人们的梦想才有可能变成现实。

习近平总书记指出："中华民族是勤于劳动、善于创造的民族。正是因为劳动创造，我们拥有了历史的辉煌；也正是因为劳动创造，我们拥有了今天的成就。"近代以来，中华民族实现站起来、富起来、强起来的根本转变，依靠的正是一代又一代中国人的辛勤劳动、接续奋斗。只有在全社会牢固树立"干在实处、走在前列"的"实干"精神，才能实现"兴邦"的伟大梦想。

二、劳动价值观

马克思的观点是：有了人类的劳动，有了满足人类生存必需的前提，才产生了生活和历史。马克思从唯物主义立场出发，充分肯定了劳动对于整个人类和人类历史的重要意义。习近平总书记指出，"劳动是推动人类社会进步的根本力量"。习近平总书记的论述深刻阐释了劳动的重要意义，重申和强调了劳动的历史价值，丰富和发展了马克思主义劳动观。应该讲，劳动不仅创造了人类，而且创造了社会，并推动着社会历史向前发展。习近平总书记深刻指出："说到底，实现中华民族伟大复兴的中国梦，要靠各行各业人们的辛勤劳动。"也就是说，实现中华民族伟大复兴是中国未来的发展方向，而劳动则是实现社会发展走向民族复兴的根本路径。这些论述既深刻阐释了依靠劳动实现发展的哲学意义，又揭示了劳动发展的本质所在，重申和强调了劳动之于发展的历史价值和重要意义。

正如习近平总书记所指出的，"劳动是财富的源泉，也是幸福的源泉。人世间的美好梦想，只有通过诚实劳动才能实现；发展中的各种难题，只有通过诚实劳动才能破解；生命里的一切辉煌，只有通过诚实劳动才能铸就"。"实现我们的奋斗目标，开创我们的美好未来，必须紧紧依靠人民、始终为了人民，必须依靠辛勤劳动、诚实劳动、创造性劳动。""民生在勤，勤则不匮"。"两个一百年"奋斗目标的实现，需要人民的劳动创造来铸就，需要一代又一代中国人努力拼搏。

三、劳动教育观

"青年兴则国兴，青年强则国强。"习近平总书记对广大青少年培养深厚的劳动情怀予以殷切嘱托，"要通过各种措施和方式，教育引导广大青少年牢固树立热爱劳动的思想、牢固养成热爱劳动的习惯，为祖国发展培养一代又一代勤于劳动、善于劳动的高素质劳动者"。但从现实来看，由于家庭的宠爱、学校劳动教育的不足和社会风气的影响，一部分青少年缺乏最基本的劳动习惯，劳动情怀也比较淡薄，劳动价值观存在一定偏差。"要教育孩子们从小热爱劳动、热爱创造，通过劳动和创造播种希望、收获果实，也通过劳动和创造磨炼意志、提高自己。"习近平总书记这一重要论述从劳动创造的功能角度强调了对青少年从

小进行劳动教育的必要性。回顾中华人民共和国成立以来党的教育方针，"劳动者""生产劳动""社会实践"这些词汇一直在我国教育方针的表述中有所体现，但在实际中，学校层面的劳动教育往往还比较欠缺。著名教育家陶行知（图3-1）曾指出："劳动教育的目的，在谋手脑相长，以增进自立之能力，获得事物之真知及了解劳动者之甘苦。"正是由于劳动在育人中发挥着塑造健全人格、磨炼顽强意志、锤炼高尚品格的重要作用，所以要强化实践育人，坚持教育同生产劳动和社会实践相结合，让广大青少年在投身实践、亲身参与中认识国情、了解社会，在增长才干和磨炼意志中感受劳动所带来的收获和乐趣，进而形成尊重劳动、热爱劳动的真挚情感。

图3-1 安徽歙县陶行知公园塑像

马克思说："历史承认那些为共同目标劳动因而自己变得高尚的人是伟大人物；经验赞美那些为大多数人带来幸福的人是最幸福的人。"站在新时代的历史方位，我们坚信，在以习近平同志为核心的党中央的坚强领导下，一定能够充分调动广大劳动人民的积极性、主动性和创造性，最大限度地聚合起人们饱满的劳动热情、激发起人民群众昂扬的奋斗精神，为实现中华民族伟大复兴注入源源不断的精神力量。

第二节　新时代劳动教育

一、高等职业院校劳动教育的背景

　　人类所有的实践活动归根结底都是劳动。劳动是马克思揭示人类社会发展一般规律的出发点，劳动价值论是马克思科学社会主义的理论根基。培养马克思主义劳动观，根本上是加深对人民群众这一劳动主体的认识。因此，新时代强调劳动教育既是对"知行合一"的继承和发展，也是贯彻马克思主义指导思想的必然要求。只有尊重广大劳动者，深刻认识劳动的重要性，才能真正领悟"人民群众是历史的创造者"这一科学论断。只有深刻把握这一科学论断，才能树立坚定的理想信念，为人民谋幸福，为社会主义事业而奋斗。因此，劳动教育的根本目的是贯彻"立德树人"这一教育的根本任务，培养具有人民情怀的社会主义事业建设者和接班人。

　　教育与生产相结合是造就全面发展的人的唯一方法。劳动教育在实现人的自由全面发展过程中具有工具价值，根本原因在于它与人类劳动过程中劳动解放的根本目标相一致。因此，只有从马克思主义劳动观出发，才能深刻理解劳动教育的内在逻辑，充分发挥劳动教育在培养社会主义建设者和接班人中的重要作用，在全社会形成崇尚劳动、尊重劳动的社会风尚，激发人们诚实劳动、勤勉劳动的内在热情和劳动品质。

　　习近平总书记在全国教育大会上强调，"培养德智体美劳全面发展的社会主义建设者和接班人"，"要在学生中弘扬劳动精神，教育引导学生崇尚劳动、尊重劳动，懂得劳动最光荣、劳动最崇高、劳动最伟大、劳动最美丽的道理，长大后能够辛勤劳动、诚实劳动、创造性劳动"。这一重要论述高度赞扬了新时代劳动教育的旗帜，丰富发展了党的教育方针，具有重大的时代价值和鲜明的现实

针对性，也对高等职业院校提出了加强劳动教育的新任务、新课题。

二、高等职业院校加强劳动教育的意义

高等职业院校加强劳动教育，是坚持和发展马克思主义唯物史观、坚持和发展中国特色社会主义的客观需要。恩格斯曾指出，"劳动和自然界在一起才是财富的源泉，自然界为劳动提供材料，劳动把材料转变为财富。但是劳动的作用还远不止于此。劳动是整个人类生活的第一个基本条件，而且达到这样的程度，以致我们在某种意义上不得不说：劳动创造了人本身"。强调劳动价值和劳动教育也是马克思主义唯物史观的核心内容和本质规定。马克思认为："生产劳动同智育和体育相结合，它不仅是提高社会生产的一种方法，而且是造就全面发展的人的唯一方法。"列宁也曾指出："没有年轻一代的教育和生产劳动的结合，未来社会的理想是不能想象的。无论是脱离生产劳动的教学和教育，或是没有同时进行教学和教育的生产劳动，都不能达到现代技术水平和科学知识现状所要求的高度。"党的二十大报告对劳动和劳动者作出了一系列重要论断，这些论述既继承和发展了马克思主义劳动思想，又勾勒出中国特色社会主义伟大事业的实践路径，构建了"实干兴邦"的劳动实践观、"崇尚劳动"的劳动价值观、"热爱劳动"的劳动教育观。可以说，勤奋劳动、诚实劳动、创造性劳动，是社会主义国家劳动者的鲜明特征。高等职业院校加强劳动教育，是新时代旗帜鲜明的坚持和发展马克思主义，坚持和发展中国特色社会主义的要求。

高等职业院校加强劳动教育，是建设社会主义现代化强国、实现中华民族伟大复兴中国梦的客观需要。在我国转变经济增长方式、建设知识型技能型创新型劳动者大军的今天，高等职业院校重视劳动教育，是富国强民的大事，具有更加迫切的现实意义和历史意义。高等职业院校加强劳动教育，既能引导新时代大学生努力学习科学文化知识、练就过硬本领，又能教育大学生坚定理想信念、

培育劳动情怀，自觉把人生理想、家庭幸福融入国家富强、民族复兴的伟业之中，建构个人与集体、个人梦与中国梦融合统一的发展共同体和命运共同体，最终推动在广大青年学生的接力奋斗中实现中华民族伟大复兴中国梦。

高等职业院校加强劳动教育，是实现立德树人根本任务的客观需要。我国高等职业院校肩负着培养社会主义建设者和接班人的重大任务，肩负着"教育为人民服务、为中国共产党治国理政服务、为巩固和发展中国特色社会主义制度服务、为改革开放和社会主义现代化建设服务"的神圣使命，培养的人才必须具备正确的世界观、人生观、价值观，德智体美劳既有密切联系又有各自不同的功能，劳动教育是构建全面教育体系不可或缺的一环。对当代大学生加强劳动教育，倡导劳动最光荣、劳动最崇高、劳动最伟大、劳动最美丽的价值观念，必将使其崇尚劳动价值、追求劳动创造、尊重劳动主体，以辛勤劳动为荣、以好逸恶劳为耻，不断成长为有理想信念、有过硬本领、有责任担当的社会主义建设者和接班人，进一步营造劳动光荣的社会风尚和精益求精的敬业风气，从而做到"以劳树德、以劳增智、以劳强体、以劳育美、以劳创新，促进学生德智体美劳全面发展"。

思考与实践

一、名词解释

中国梦　劳动教育　劳动价值观

二、简答题

学习习近平总书记关于劳动的重要论述的体会有哪些？

三、论述题

怎样理解教育与生产相结合是造就全面发展的人的唯一方法？

四、实践活动

劳动教育的"五个一"工程

实践目标

通过阅读以下资料，进一步认识和理解当代大学生应该接受什么样的劳动教育，以及应该怎样积极参与劳动教育。

实践操作

认真阅读以下资料。

中国劳动关系学院是中华全国总工会直属、由中华全国总工会与教育部共建的普通本科院校。建校以来，学校紧密结合我国劳动关系和工会工作发展的新形势、新需要，开展人才培养与科学研究，在弘扬劳动精神、培育劳动英才、研究劳动科学方面形成了鲜明的办学特色。1992年以来，学校坚持举办劳模本科教育，在为广大劳动模范和大国工匠提供研修深造机会的同时，形成了"劳动模范在身边，大国工匠在校园"的独特育人资源优势。2018年劳动节前夕，习近平总书记给我校劳模本科班学员亲切回信，勉励他们用自己的干劲、闯劲、钻劲鼓舞更多的人，激励广大劳动群众争做新时代的奋斗者。近年来，学校大力发挥学科特色优势和独特育人资源优势，着力推进"五个一"工程，将劳动教育纳入人才培养全过程。

1．确立一项劳动特色育人目标

2016年，学校制定"十三五"发展规划时，明确将"劳动情怀深厚"确立为学校人才培养的四维目标之一，提出了适时修订培养方案、持续优化专业实习实训、扎实推进马克思主义劳动学说进课堂、大力营造学校劳动文化氛围、探索建立"劳动与社会实践"小学期、持续编写好《劳动与发展》学生科研论文集等一系列育人举措。各二级学院也围绕"劳动情怀深厚"的人才培养目标，推出一系列"专业+劳动"特色育人活动。经济管理学院"50元能买

什么"和"50元怎么挣"的假期社会实践，法学院"劳动法律宣传与服务进社区进企业活动"，社会工作学院"致青春·关注民生志愿公益行动团"等，均已建设成为持续时间久、参与面广、社会影响力高的劳动教育特色品牌。

2. 开设一组劳动教育特色课程

一是开设"劳动通论"通识必修课，按32学时2学分的标准，面向全体大一学生，系统进行马克思主义劳动观和社会主义劳动关系教育，普及大学生未来职业发展必备的通用劳动科学知识，如劳动与法律、劳动与伦理、劳动与社会保障、劳动与管理、劳动与安全等，培养懂劳动、明劳动之理的新时代大学生。二是开设"大国工匠面对面"思政类公选课，结合国家经济社会发展形势及党和国家大政方针，精心挑选若干主题作为案例背景。每个案例都邀请该行业领域的1位劳动模范走进课堂，讲述从业经历，演示精湛技艺，阐释工匠精神；特邀1位校内外专家与劳动模范共上一堂课，围绕劳模所在行业领域进行理论分析，深入阐释习近平新时代中国特色社会主义思想，展现国家经济社会发展的形势与政策。这种两位教师围绕一个主题共同上好一堂课的"211"授课模式，通过入脑入心的生动故事、深刻全面的专家讲评，让学生在深刻理解新时代劳动发展趋势的同时，由衷受到新时代劳动精神的震撼与鼓舞。三是开设"劳动实践创新"实践类公选课，以"劳动—创新—实践"为主线，将"科学、技术、工程学"三大创新理论模块与"工艺类实践、家庭类实践、工程发明学引导、工具使用与车库文化模拟、信息时代的工程学探索"五大动手实践模块有机结合，在手脑并用的创新实践中，引导大学生树立"劳动光荣、技能宝贵"的观念。

3. 打造一种劳动模范协同育人机制

一是开办"劳模大讲堂"，先后邀请许振超、郭明义等20余名全国著名劳模走上讲台，分享成长历程，宣讲劳模事迹，弘扬劳模精神，让青年大学生近距离感受"爱岗敬业、争创一流，艰苦奋斗、勇于创新，淡泊名利、甘

于奉献"的劳模精神，自觉践行社会主义核心价值观。"劳模大讲堂"活动至今已举办10期，并成功走出校园，走进中小学、社区、企事业单位，让更多人受益。二是将劳模精神融入党建工作，坚持组织劳模班党支部和本科生党支部结对共建。共建活动中，劳模党员分享先进事迹，本科生党员畅谈学习心得，在同学习中共进步，取得了很好的效果。三是选聘劳模兼职辅导员，印发《劳模兼职辅导员聘任管理办法》，先后聘请9位劳模兼职辅导员。他们积极参加班级活动，与大学生一起进行社会实践，一起组织主题班会，充分发挥劳动模范的榜样力量，在深入交流的过程中，潜移默化地用劳模品质引领青年大学生，用劳模精神感染青年大学生。四是推广劳模特色志愿服务，开展"大国工匠面对面"志愿服务，通过众创、众筹、众评的方式确定服务项目，以"1名劳模志愿者+10名青年志愿者服务团队"的模式开展系列志愿服务活动。活动中，学生志愿者与劳模学员结伴走进军队、社区、医院、企业，通过劳模事迹宣讲、劳模技艺展示、劳模精神座谈等形式，弘扬劳模精神、劳动精神和工匠精神。习近平总书记回信两年多来，此项志愿服务开展活动17次，共有包括社区居民、部队官兵、企事业机关单位职工、在校大学生等在内的两万余人受益，荣获第四届中国青年志愿服务项目大赛银奖。

4.拓展一片劳动文化宣传阵地

以线上线下相结合、党团学组织相协同的形式，大力营造校园劳动文化氛围。一是确立"立德守正、崇劳创新"的办学使命，以研究劳动科学、弘扬劳动精神、推进劳动育人为重要使命，推动"劳动最光荣、劳动最崇高、劳动最伟大、劳动最美丽"的观念在校园和社会蔚然成风。二是加强新时代劳模精神宣传，在教学楼、图书馆等公共场所，以多种形式展示各行各业劳动模范和大国工匠的成长故事；在官方微信公众号开设"身边劳模"专栏；在官方网站报道劳模故事；在学校报纸上刊登劳模事迹，实现劳模精神宣传的常态化、传播的广域化。三是以"劳动的名义"为主题组织70周年校庆系列活动，设计了"爱劳动立信正青春，迎校庆奋斗新时代"劳动文化节；举行了"迎70校庆，颂劳动情怀"劳动主题诗词朗诵会；开展了"迎校庆，学劳动，筑精神"校友系列讲座等一系列特色鲜明的劳动文化宣传活动，唱响了"劳动光荣、创造伟大"的主旋律。

5. 搭建一系列劳动教育研究平台

学校充分发挥劳动领域学科高度集聚、相关的优势，以劳动科学研究丰富、深化新时代劳动教育研究。组建了全国高校首家劳动关系与工会领域新型智库，以"资政、启民、崇劳、厚生"为使命，紧扣新时代劳动关系治理与劳动教育问题开展政策性研究；成立了大国工匠与劳动模范研究所等研究机构；组织召开了劳模精神、工匠精神与思想政治教育、加强新时代高校劳动教育等多场学术研讨会；编写出版了《新时代高校劳动教育论纲》《劳动的名义》《中国劳模口述史》等18部著作，深入研究劳动教育、传播劳动科学、阐释劳模精神。2019年，学校成立了劳动教育中心，作为统筹规划学校劳动教育课程教学与研究的专门机构；创办了全国首家劳动教育研究专门刊物——《劳动教育评论》，为大中小学劳动教育的持续加强与改进汇聚智慧。

多年来，中国劳动关系学院坚持以劳模精神为引领、以劳动科学为支撑，围绕"劳动情怀深厚"的人才培养目标，着力加强劳动教育课程建设，扎实推进劳动教育与思想政治教育相结合、与科学研究相结合、与社会实践和志愿服务相结合、与校园文化相结合，初步构建起德智体美劳全面发展的人才培养体系。为深入贯彻落实《关于全面加强新时代大中小学劳动教育的意见》精神，学校正在研究制定《中国劳动关系学院劳动教育实施方案》，力争在系统总结已有经验的基础上，积极响应时代号召，推动我校劳动教育工作迈出新的步伐、实现新的突破、创造新的业绩。

（资料来源：教育部，2020-03-27）

实践成果

通过阅读以上资料，谈谈你自己的感受。

_____

_____

_____

_____

_____

_____

_____

_____

_____

_____

_____

_____

_____

_____

_____

_____

_____

_____

_____

第二单元

感悟榜样力量

第四章

劳模精神绽光芒

思政小课堂

"不惰者，众善之师也。"在长期实践中，我们培育形成了爱岗敬业、争创一流、艰苦奋斗、勇于创新、淡泊名利、甘于奉献的劳模精神，崇尚劳动、热爱劳动、辛勤劳动、诚实劳动的劳动精神，执着专注、精益求精、一丝不苟、追求卓越的工匠精神。劳模精神、劳动精神、工匠精神是以爱国主义为核心的民族精神和以改革创新为核心的时代精神的生动体现，是鼓舞全党全国各族人民风雨无阻、勇敢前进的强大精神动力。

——习近平总书记在全国劳动模范和先进工作者表彰大会上的讲话（2020年11月24日）

学习目标

知识目标： 了解劳模精神的基本内涵，以及劳模评选制度的时代变迁。

技能目标： 自觉向劳模学习、主动践行劳模精神。

素质目标： 培养劳动情怀，激发奋斗意志。

课堂导入

一辈子做个好工人——中国航天最年轻特级技师王曙群

王曙群，上海航天设备制造总厂有限公司班组长，曾荣获"中国载人航天工程突出贡献者""中华技能大奖""全国技术能手"等称号，享受国务院政府特殊津贴。

王曙群是目前国内唯一的载人航天对接机构总装组组长，中国航天最年轻的特级技师。1989年，王曙群从技校毕业走进当时的新中华机器厂。对于王曙群来说，当时前景迷茫，他对自己说，能做的只有一个——踏踏实实做

好手里的活儿，拧紧每一个螺钉。他的坚守，迎来了航天发展的春天。2011年以来，由他带领的团队装调的对接机构，在太空上演了一场场完美的"太空之吻"，使我国成为继俄罗斯之后，第二个完全掌握对接机构装调技术的国家。在对接机构研制过程中，他牵头研发了50多套专用装备，使对接机构总装周期从3个多月缩短至40天。针对对接机构中对接环运动位置的精度难题，王曙群创造性地提出逆向调整方法——自上而下调整法。该方法大大提高了对接环的运动位置精度，成功实现神舟八号和天宫一号在各种姿态下六自由度方向均能够实现交会对接的目标，该装调方法已成功应用于风云卫星系列产品。在带徒育人方面，王曙群也是毫无保留，带领"航天空间机构工作室"团队，编制青工培训教材，成立导弹火箭总体装配工实训基地，倾情把自己的绝技绝活传授给他人。

31年来，王曙群从普通的技术工人，到航天最年轻的特级技师，乃至全国劳模，他的成长见证了改革开放以来中国航天事业的腾飞，也再一次印证了一个朴素的道理：普通工人也能有属于自己的一片灿烂星空。

（资料来源：王枫.新时代领跑者 | 一辈子做个好工人——全国劳模、中国航天科技集团八院149厂特技技师王曙群的故事[EB/OL].劳动观察，2020-11-26.）

榜样，是历史长河中最闪耀的晨星；榜样，是价值选择中最崇高的追求。在我们身边，有一个普通而又特殊的群体，他们朴实无华、默默奉献，却又坚毅高大、光芒万丈；他们岗位平凡、工作普通，却又业绩不凡、创造伟大，他们就是劳动模范。

扫一扫 学一学

第一节 光荣的时代丰碑

劳动模范，简称劳模，是党和国家对在建设社会主义事业中做出突出贡献的劳动者的表彰，是作为先进人物的荣誉称号，是我们学习的榜样。中华人民共和国成立 70 多年来，我国工人阶级和广大劳动者积极投身社会主义革命、建设、改革的伟大事业，用勤劳和汗水、智慧和创造，谱写了气壮山河的壮丽篇章，涌现出一批批劳动模范，铸就了一座座精神丰碑。

中华人民共和国成立初期，百废待兴。广大工人阶级和劳动者以坚如磐石的信念、只争朝夕的劲头、坚忍不拔的毅力，不畏艰难困苦，创造了一个又一个人间奇迹。高喊"有条件要上，没有条件创造条件也要上"的"铁人"王进喜（图 4-1）为甩掉中国"贫油落后"的帽子，把北风当电扇、大雪当炒面，用身体当"搅拌机"，用血肉之躯同钢铁和困难搏斗，向人类的生命极限挑战。太行山区农民李顺达带领老西沟的乡亲们在自然条件恶劣、物质条件落后的情况下，肩扛手挑，用锹耙犁锄，夜以继日地战天斗地，变不可能为可能，用难以想象的付出，将老西沟这个"谁见也发愁"的穷山沟、苦山沟，变成了农林果牧共同发展的富裕沟、幸福沟。多次受到毛泽东同志接见的鞍钢工人孟泰为恢复生产，带领广大工人建成了著名的"孟泰仓库"，成为新中国企业修旧利废的起点。他还坚持技术攻关，先后解决技术难题十几项，并成功自制大型轧辊，谱写了一曲爱岗敬业、争创一流的赞歌。

图 4-1　王进喜雕塑

改革开放以来，广大劳动者用一代又一代的接力拼搏，创造了一个又一个劳动奇迹，用一个又一个动人的故事汇集成全民族的奋斗诗篇。高铁建设者巨晓林

凭借对岗位的尊重和热爱，凭借坚定的信念和意志，用一天天的坚持、一步步的跨越，实现了从连图纸都看不懂的农民工到中国顶尖高铁施工建设专家的转变。练就"一钩准""一钩净""二次停钩""无声响操作"等集装箱装卸技术的许振超，造就了名扬海内外的"振超效率""振超速度"。"当代毕昇"王选把"高科技应做到'顶天立地'"作为一生奋斗的信条，"顶天"即不断追求技术上的新突破；"立地"即把技术加以大量推广、应用，使中国传统出版印刷行业得到彻底改造，"告别铅与火，迎来光与电"。多次当选全国劳动模范的包起帆被称为"改革开放中的中国工人创新先锋"，有着 40 多年港口生产管理工作经验。哪里不安全、哪里效率低、哪里成本高，他和同事就在哪里动脑筋、想办法、搞创新。小到一个零部件的制造、一个施工方法的改良，大到一个港口系统、一个国际标准的设计，他们都事无巨细、艰苦钻研。40 多年来，包起帆与同事共同完成了 130 多项技术创新项目，其中 3 项获得国家发明奖，3 项获得国家科技进步奖，36 项获得巴黎、日内瓦、匹兹堡、布鲁塞尔、纽伦堡等国际发明展览会金奖，授权国家和国际专利达 50 项。

时代楷模汇集、弘扬和传承着时代的先进道德和文化精华，发挥着榜样的示范作用、激励作用和引导作用。他们有的以自己的勤劳双手和聪明才智，创造巨大的物质财富和精神财富，推动社会进步；有的在自己平凡的岗位上扎实苦干、默默坚守、无私奉献；有的用血汗浇筑祖国建设的基座；有的用青春书写壮丽无悔的诗篇。

知识链接 ——————————————————○

劳模是怎样选出来的

劳动模范和先进工作者是我国工人阶级和广大劳动群众的优秀代表。选择树立什么样的劳动模范，代表着一种重要的价值导向、社会导向和发展方向。为此，我国在不断自我总结、自我完善中建立了一整套科学的劳动模范

评选机制、宣传机制、管理机制、监督机制，使劳模工作逐步实现制度化、公开化、民主化、群众化、社会化、系统化和科学化。

1943年10月5日，陕甘宁边区政府颁发《劳动英雄和模范工作者及其代表选举办法》，对评选劳模和召开劳模大会的意义、劳模产生的程序及劳模当选的条件等提出了明确的要求，这在我国劳模史上具有里程碑意义。该办法第四条反复强调，各单位在选举劳模时都要召开选举大会，而且要求全体人员参加大会选举。

1944年9月，陕甘宁边区政府公布实施了一个更加细化、明确、完善的劳动英雄和模范生产工作者的选举及奖励办法——《关于劳动英雄和模范工作者选举和奖励办法》。该办法第四条规定，凡边区居民皆为劳动英雄和模范工作者之选举及被选举人，无阶级、党派、职业、宗教、信仰、文化程度、性别、民族、国籍的限制。

如今，我国通过制定一整套相关管理办法，明确了劳动模范推荐评选工作必须严格遵守的推荐评选程序，坚持自下而上，公开、公平、公正的原则，充分发扬民主，逐级推荐、审核、公示，接受社会监督，做到群众公认。劳模评选不是由工会系统"独家包干"，而是由国家劳动和社会保障部等20余家部委协同成立"表彰筹备委员会"，其成员名单报国务院批准。各级工会、人社、统战等部门分工负责评审、推荐、公示、社会监督等环节的具体工作。

推选程序具体包括以下内容：

（1）推荐。拟推选对象须自下而上产生，经本单位民主差额推荐，职工（代表）大会（机关推荐时由机关工会广泛征求意见和有关部门签署意见）讨论通过并公示，经主管厅局党组（党委）审核盖章后，向地方推选委员会推荐。

（2）初审。地方推选委员会办公室按照评选条件，对推荐对象的情况进行初审。

（3）评审。地方推选委员会组织有关人员成立评审组，对候选对象进行无记名投票，好中选优，确定拟推荐对象。

（4）审定。将拟推荐对象名单提交省级党工委审定。

（5）省评委会初审。推荐名单经省级工委审定后，报省评委会办公室。

（6）公示。将省评委会审定后的推荐对象通过工会网站向社会公示，广泛接受群众监督，公示期为5个工作日。

第二节 劳模精神的内涵

每个时代都有时代的楷模，不同时代的楷模凝聚着各自时代的先进文化，是永不褪色的时代记忆。在不同的时代，各行各业都会涌现出劳动模范的身影。他们用自己的行为塑造时代的道德生活，彰显时代的价值风尚，滋养着一代又一代人。他们的事迹和精神永远值得我们学习。

习近平总书记将劳模精神表述为"爱岗敬业、争创一流，艰苦奋斗、勇于创新，淡泊名利、甘于奉献"。从总体上看，习近平总书记关于劳模精神的表述既道出了劳动模范能够从广大劳动者群体中脱颖而出的根本原因，又为广大劳动者指明了奋斗方向。在这一表述中，爱岗敬业是本分，争创一流是追求，艰苦奋斗是作风，勇于创新是使命，淡泊名利是境界，甘于奉献是修为。守本分、有追求、讲作风、担使命、有境界、有修为，是每一位劳动模范应有的精神风范，更是每一位劳动者应该追求的目标。正确理解这一表述中各个组成部分的含义，有助于从整体上把握劳模精神的科学内涵。

一、爱岗敬业、争创一流

（一）爱岗敬业

爱岗敬业是爱岗和敬业的总称，是指对本职工作的忠于职守，是最基本的职业道德要求。"爱岗"就是热爱自己的工作岗位，热爱本职工作，具有职业的荣誉感和自豪感；"敬业"就是用恭敬严肃的态度对待自己的工作，以认真负责的态度从事自己的工作。两者互为前提、相互支持、相辅相成。爱岗是敬业的基石，敬业是爱岗的升华。提倡爱岗敬业，可以促使人们更加自觉地以强烈的事业心和责任感从事工作。爱岗敬业的基本要求包括：①正确认识职业，树立职业理想；②热爱敬重职业，恪守职业道德；③踏实扎根职业，履行职业责任；④培养职业兴趣，提高职业技能。

提倡爱岗敬业，并不是要求人们终身只能干一行，爱一行，不能片面地把爱岗敬业理解为绝对地、终身地只能从事某一个职业。爱岗敬业不排斥人的全面发展。相反，提倡爱岗敬业是鼓励劳动者通过本职工作，在一定程度上和范围内实现全面发展。劳动者可以根据社会的需要和个人的专业、特长、兴趣、爱好选择自己的职业，并在平凡的工作岗位上不断增长知识和才干，努力成为"多面手"。"干一行、爱一行、专一行、精一行"的职业选择理念，不仅有助于劳动者充分调动自身的积极性和创造性，而且有助于真正做到人尽其才。

许多用人单位在挑选人才时，都将劳动者的爱岗敬业精神作为一项非常重要的衡量标准。用人单位往往认为，只有那些"干一行、爱一行"的人，才能专心致志地搞好工作；只有爱岗敬业的人，才会在自己的工作岗位上勤勤恳恳、兢兢业业、任劳任怨、尽职尽责。因此，爱岗敬业的人往往在就业时具有一定的竞争优势。

（二）争创一流

争创一流就是正确对待工作中的困难和挫折，认真、高效地分析和解决问题；就是肯学、肯干、肯钻研，敢想、敢干、敢追梦；就是瞄准先进、放眼世界、比学赶超，不断向新的目标迈进。争创一流的基本要求包括：①强化一切从实际出发和追求卓越的理念；②强化积极主动、敢于善于沟通协调的意识；③强化优质高效、充满生机与活力的工作精神。

（1）追求卓越。追求卓越就是将自身的能力、优势及能够调动的资源发挥到极致的一种状态。追求卓越既要志存高远，又必须从实际出发，否则这种追求就会成为空中楼阁。这就要求劳动者必须首先坚持辩证唯物主义和历史唯物主义，坚持解放思想和实事求是的辩证统一。

（2）沟通协调。沟通协调是利用各种工具、方法整合资源，达到增进了解、消除误会、协同一致的行为。沟通协调在现代管理中占有非常重要的地位。沟通协调重在解决问题，贵在通达事理，效在聚合力量。劳动者不但要敢于沟通协调，还要善于沟通协调，更要积极主动地沟通协调。劳动者只有通过不断提高沟通的艺术，不断强化处理问题与化解矛盾的技巧，恰当地把握原则性与灵活性的关系，进行有效沟通，才能把一切可以团结的力量团结起来，把一切可以调动的积极因素调动起来，从而敏锐精准地发现问题，妥善高效地解决问题。

（3）工作精神。工作精神是对工作价值的一种态度和行为反应，包含工作中的职业精神、团队精神、奉献精神等。①职业精神与人们的职业活动紧密联系，是具有职业特征的精神与操守，是劳动者从事某项具体工作应该具备的技能、素质与道德等，本质是为人民服务。职业精神强调优质高效。②团队精神是人们在集体中形成的一种普遍认同和协同关系，反映的是个体利益和整体利益的统一，是大局意识、协作精神和服务精神的集中体现，核心是协同合作，最高境界是凝聚全体劳动者的向心力。团队精神强调生机和活力。③奉献精神是不求回报的爱和全身心的付出，是无私的价值追求和行动自觉的体现。在工作精神中，职业精神强调优质和高效，团队精神强调生机和活力，奉献精神强调忘我和付出。

二、艰苦奋斗、勇于创新

（一）艰苦奋斗

艰苦奋斗是中华民族的传统美德。勤劳、勇敢、坚韧的中华民族向来以吃苦耐劳和勤俭持家著称于世。艰苦奋斗正是不怕艰难困苦、英勇顽强战胜困难的作风，是劳动者永远不变的底色。奋斗本身就是一种幸福。奋斗者是精神最为富足的人，也是最懂得幸福、最享受幸福的人。倡导艰苦奋斗，就是倡导不畏艰难。

艰苦奋斗也是中国共产党人的政治本色。中国共产党领导中国人民争取国家独立和民族解放的斗争史就是一部艰苦卓绝的创业史，中国共产党领导全国各族人民进行社会主义现代化建设的建设史就是一部矢志不渝的奋斗史。

（二）勇于创新

创新是引领发展的第一动力。纵观人类发展历史，创新始终是推动一个国家、一个民族前进的不竭动力。曾经，中国创造的以"四大发明"（图4-2）为主要代表的科技成果造福了世界。然而，科学技术从来没有像今天这样深刻地影响着国家的前途命运，影响着人民的生活福祉。当前，中华民族迎来了千载难逢的历史机遇

图4-2　中国的"四大发明"

期。要实现中华民族伟大复兴的中国梦，就一定要大力发展科学技术，努力增强自主创新能力，激发广大劳动者的创新活力，夯实创新发展人才基础，营造创新文化氛围，跑出中国创造的"加速度"。

倡导勇于创新，就是鼓励广大劳动者积极运用自己的知识和经验，提出独到见解，将科学技术不断引入劳动和实践；就是鼓励广大劳动者勇于迎难而上、不惧风险、不怕失败、不畏挑战；就是鼓励广大劳动者与时俱进地学习与验证，瞄准前沿、寻求突破、实现跨越。创新人才，不仅要具有创新意识、创新精神、创新思维、创新知识、创新能力，还要具有良好的创新人格，能够通过自己创造性的劳动取得创新成果，在某一领域、某一行业、某一工作上为社会发展和人类进步做出创新贡献。

我国历来大力倡导创新劳动，多次将优秀创新人才评为劳动模范。党的十八大以来，我国建设创新型人才队伍的步伐逐渐加快。2016年5月30日，习近平总书记在全国科技创新大会、两院院士大会、中国科协第九次全国代表大会上指出："要大兴识才爱才敬才用才之风，为科技人才发展提供良好环境，在创新实践中发现人才、在创新活动中培育人才、在创新事业中凝聚人才，聚天下英才而用之，让更多千里马竞相奔腾。"

三、淡泊名利、甘于奉献

（一）淡泊名利

淡泊名利，意思是不热衷名声，不追求利益。对于劳动者而言，最大的困境往往不在于如何突破技术上的瓶颈，而在于如何正确地看待耕耘与收获。客观而言，名利本身并没有错，它是对奋斗和付出的肯定和回报。劳动者在工作中取得了成绩，收获荣誉、得到物质奖励都不是过错。但是，劳动者一旦追名逐利，甚至痴迷于名利，就会拿得起而放不下，忘却劳动的真谛。

淡泊名利是一种境界，不仅要求劳动者树立正确的世界观、人生观、价值观，还要求劳动者既要懂得知足，又要怀揣信念。名利是无止境的，欲望是无尽头的。只有知足常乐，才能看得通透；只有坚守信念，才能永葆初心。

当然，淡泊名利必须完全出于劳动者自己的意愿，必须是自主地不计得失、自发地不问收获。任何强制"淡泊名利"的行为，在实质上都是对劳动者权益的侵害。

（二）甘于奉献

奉献精神是不求回报的爱和全身心的付出。奉献不论多少。燃烧自己照亮别人的"蜡烛精神"是奉献精神的缩影，"有一分热放一分光"的"萤火虫精神"也是奉献精神的写照。奉献不论职业。冲上火线的消防战士（图4-3）、奔赴疫区的白衣天使、抗洪抢险的部队官兵都是最美奉献者。他们用生命守护生命，用爱传递希望；他们在成长中奉献，在奉献中成长。甘于奉献是一种纯粹的实力。甘于奉献的人，拥有献出爱和传递爱的能力，就如"赠人玫瑰，手有余香"；甘于奉献的人，拥有延展生命和升华人生的力量，就如润物之春雨，雨后之阳光。劳动者坚守甘于奉献的高贵品质，让甘于奉献成为自身永恒的价值追求，是将个人理想融入国家和民族伟大事业的最好方式。

图4-3 消防战士

劳动模范是源于生活实践的国家栋梁、社会中坚、民族楷模、人民榜样。他们作为劳动者中的一员，和其他劳动者一起参加社会劳动，却在平凡的劳动中以自己的坚持、坚守和坚定铸就了不平凡的人生，在时代机遇下奏响了"时代的劳动者之歌"。劳动模范是一面旗帜，凝聚时代的劳动精神，高扬劳动的道德风尚。他们用自己的行为影响和感染身边的人，潜移默化、润物无声，不断激励一代又一代人建功立业，争当时代的先锋。

第三节 劳模精神代代传

虽然劳模精神的内涵随着时代变迁而被赋予相应的时代元素，但劳模精神的价值追求和精神引领未曾改变。大力弘扬劳模精神、劳动精神，能够进一步凝聚中国力量，对实现中华民族伟大复兴的中国梦有着强大的精神激励作用。在新时代大力弘扬劳模精神，有利于培育一支高素质的产业工人队伍，有利于引导劳动者真抓实干、埋头苦干，建设中国工程、推进中国事业，为走向制造强国、创新中国、人力资源强国提供人力支撑、智力支撑和创新支撑，用劳动托起个人梦、民族梦、中国梦，进而建成富强民主文明和谐美丽的社会主义现代化强国。

弘扬劳模精神不仅仅是一句口号，更重要的是要让劳动者在思想上引起共鸣，认识到学劳模、赶先进、讲奉献的重要意义，引导人们正确把握劳动和创造的关系。要在全社会大力弘扬真抓实干、埋头苦干的良好风尚，不让能做事、会做事的老实人吃亏，不让投机取巧的人得利。通过发挥劳模骨干示范导向作用，引导其他劳动者脚踏实地、创造性地开展劳动，在全社会范围内营造尊重劳动、崇尚劳动、热爱劳动的有利氛围，用劳动托起个人梦，托起中国梦。

劳模精神已经得到全体劳动人民的认同，各行各业都掀起了学劳模、做劳模的新风尚。在新时代，继承和发扬劳模精神，不仅体现了全体劳动者对社会主义国家主人翁身份的认同，对劳动光荣、劳动伟大的充分尊重和认可，还展现了我国劳动人民在新时代的责任与担当，以及对实现中国特色社会主义伟大事业的高度自信。大力弘扬劳模精神，有利于为营造社会良好的劳动氛围，让学习劳模蔚然成风，促进社会公平正义的发展，同时也为劳动者的发展提供更多的机会和选择。只有让每个劳动者都公平分享国家改革发展的成果，使发展成果更多、更公平地惠及全体人民，才能真正实现居民收入增长和经济发展同步、劳动报酬增长和劳动生产率提高同步，让劳动者实现体面劳动、全面发展，从而更加热爱劳动。

一代人有一代人的使命。劳动的内涵在更新，劳模的标准在"进阶"，"爱岗敬业、争创一流，艰苦奋斗、勇于创新，淡泊名利、甘于奉献"的劳模精神始终是不变的秘籍。学习劳模，就要学习他们身上闪耀的信仰光彩。"人间万事出艰辛"，越是美好的未来，越需要我们付出艰苦努力。盘点这些劳模，他们身上有一个共同点，那就是穿越眼前的迷雾，相信并为"美好的未来"而奋斗。学习劳模，就要学习他们实干苦干的劲头。"一勤天下无难事"，无论哪个时代的劳模，都是在某个方面有所建树的劳动者。近年来评选出的劳模，高级技工、科研精兵的比重在增加，知识型、技能型、创新型劳动者不断涌现。没有哪代人的青春是容易的，重温他们的故事，想想这些平凡人如何把不可能变为可能，心底就有"相信"，眼中便有光彩，走过风雨看到彩虹，用劳动与奋斗为中华民族伟大复兴贡献力量。

思考与实践

一、名词解释

劳动模范　劳模评选　劳模精神

二、简答题

劳模精神的内涵有哪些？

三、论述题

怎样理解劳模精神对社会发展的重要意义？如何做好劳模精神的宣传员和传承者？

四、实践活动

"身边的劳模"微访谈

实践目标

通过对身边的劳模进行访谈，了解劳模的感人事迹，感悟劳模精神的深刻价值，体会现代社会中劳模精神的可贵之处。

实践操作

通过深入了解，查找能够联系上的劳模人物，与身边的劳模取得联系，就他们的事迹开展详细认真的学习，并制定访谈提纲。

Q：_____

A：_____

_____

_____

Q：_____

A：_____

_____

_____

Q：_____

A：_____

_____

_____

Q：_____

A：_____

　_____

　_____

Q：_____

A：_____

　_____

　_____

　　或者通过查阅相关资料，了解劳模评选的过程，从所学习专业出发，找出本行业、本职业的劳动模范。学习劳模的成长经历，总结劳模身上的成功经验和可贵品质。

专业与职业_____

劳模人物代表_____

　_____

主要事迹_____

　_____

　_____

　_____

　_____

　_____

　_____

　_____

实践成果

通过对劳动模范人物的深入了解，进一步学习劳模精神的内涵、价值，思考如何以实际行动学习和践行劳模精神，并形成学后感。

第五章

劳动精神最宝贵

学习目标

知识目标：全面理解和认识劳动精神的内涵。

技能目标：自觉培育和弘扬劳动精神，主动践行劳动精神。

素质目标：养成良好的劳动参与意识和劳动习惯。

扫一扫 学一学

课堂导入

思政小课堂

　　劳动可以树德、可以增智、可以强体、可以育美。这次，党中央经过慎重研究，决定把劳动教育纳入社会主义建设者和接班人的要求之中，提出"德智体美劳"的总体要求。现在，一些青少年中出现不珍惜劳动成果、不想劳动、不会劳动的现象。要在学生中弘扬劳动精神，教育引导学生崇尚劳动、尊重劳动，懂得劳动最光荣、劳动最崇高、劳动最伟大、劳动最美丽的道理，长大后能够辛勤劳动、诚实劳动、创造性劳动。要采取适应当前环境和条件的有效措施，加强劳动教育，组织好形式多样的劳动实践，让学生在实践中养成劳动习惯、学会劳动、学会勤俭。这是件强国富民的大事，教育部门同其他部门要一起研究、拿出措施，切实抓起来。

　　——习近平，《培养德智体美劳全面发展的社会主义建设者和接班人》（2018年9月10日），《习近平著作选读》第二卷，人民出版社2023年版，第202页

> **党的二十大代表蔡凤辉：用劳动书写精彩，用奋斗成就自我**
>
> 　　2022年10月24日下午，北京环卫集团召开"喜庆二十大 奋进新征程"座谈会，党的二十大代表、全国劳动模范、北京环卫集团所属北京机扫公司职工蔡凤辉第一时间赶回单位，在座谈会上传达党的二十大精神。

党的二十大报告提到，"在全社会弘扬劳动精神、奋斗精神、奉献精神、创造精神、勤俭节约精神"，这些内容让蔡凤辉印象深刻、备受鼓舞，她在传达大会精神的过程中也多次提到。

自2012年负责天安门地区的人工保洁工作起，10年来，蔡凤辉和同事参与了多次重大活动的清扫保洁任务。为了确保万无一失，她常常是第一批进场，最后一批撤场。"报告中提到要弘扬劳动精神、奋斗精神、奉献精神，这些话真是让我倍感亲切、深感自豪、更倍添动力！"说到这儿，蔡凤辉的语调激昂了起来，"我始终坚信，劳动没有贵贱之分，行行都能出状元，我们要秉承'宁愿一人脏，换来万家净'的时传祥精神，勇于奉献、精益求精，用劳动书写精彩、用奋斗成就自我、用创新实现突破！"

参与座谈会的，大多是来自北京环卫集团及下属各分、子公司的青年干部，大家一边听蔡凤辉宣讲大会精神，一边记下笔记，并不时地提问："分组会的时候代表们都说了什么？""报告里有没有对环卫工作提出明确要求？""分组审议的时候您发言了吗？都说了什么？"

面对大家的疑问，蔡凤辉一一做了解答。"分组会的时候，除了审议报告，代表们还就自己所在行业如何高质量发展提出了建议。除此之外，大家都不约而同地谈到了党的建设与改革发展的相关话题。"蔡凤辉说，"代表们纷纷从理论、实践、制度等多方面谈认识、谈体会，认真履行作为党代表的职责。我想，这不仅是一场全党和全国人民的盛会，更是一场高瞻远瞩、思想深邃、内容博大精深、具有里程碑意义的党课，让每一位代表都深受教育、深受洗礼！"

"至于对环卫工作的要求，生态文明建设需要我们出力，美丽中国建设需要我们付出，弘扬劳动精神、奋斗精神、奉献精神更是为我们未来的工作指明了方向！"蔡凤辉说。

（资料来源：王天淇，方非.党的二十大代表蔡凤辉：用劳动书写精彩，用奋斗成就自我[ED/OL].
北京日报客户端，2022-10-25.）

劳动精神是每一位劳动者为创造美好生活而在劳动过程中秉持的劳动态度、劳动理念及其展现出的劳动精神风貌。党的十八大以来，习近平总书记关于劳动和劳动精神的系列重要讲话是我们正确理解劳动精神的重要依据，也是大力弘扬劳动精神的重要参考。

第一节　劳动精神的内涵

劳动所体现出的人文精神，代表一个时代的价值观、道德观和精神风貌，展示了中华民族顽强拼搏的精神、自强不息的品格，体现了中华民族能够与时俱进、开拓创新的精神风貌。劳动精神折射出了一个时代的人文精神，反映出了劳动人民在某一个时代的人生价值、思想道德取向。简洁而深刻地展示着一个时代的人之精神的演讲和发展，凝重又浪漫地体现着一个民族的时代思想和情趣。

劳动精神是千千万万劳动者在生产实践中积淀而成的精神气质，具有普遍性、广泛性和基础性。2020 年 11 月 24 日，习近平总书记第一次正式将劳动精神的主要内涵概括为"崇尚劳动、热爱劳动、辛勤劳动、诚实劳动"。这四个方面是劳动意识、劳动风貌、劳动态度、劳动习惯的集中展示，是紧密联系的逻辑整体。

一、崇尚劳动

崇尚劳动是人类文明的共同价值取向。习近平总书记指出："无论时代条件如何变化，我们始终都要崇尚劳动、尊重劳动者，始终重视发挥工人阶级和广大劳动群众的主力军作用。"崇尚劳动包含尊重、崇敬劳动和劳动者两个层面。一是强调对劳动的认识，主张树立正确的劳动价值观，充分认识"劳动最光荣、劳动最伟大、劳动最崇高、劳动最美丽"的道理；二是强调对劳动者群体的尊敬、对劳动成果的珍惜。从背着锄头下地干活，到实验室里上千次重复实验，再到载

人航天工程取得巨大成就，劳动的内容随着时代的变化而不断变化，但崇尚劳动的价值取向传承至今。劳动有分工，不同职业承担不同的社会职责，但劳动没有高低贵贱之分。根据不同的劳动分工，有的人以脑力劳动为主，有的人以体力劳动为主。在实际工作中，脑力劳动必须通过体力劳动，才能作用于劳动对象并得到实现。没有体力劳动，脑力劳动只是纸上谈兵。任何劳动成果都是劳动者脑力和体力支出的共同产物，其区别仅仅在于劳动过程中，脑力和体力支出的占比不同。

习近平总书记在 2015 年庆祝"五一"国际劳动节暨表彰全国劳动模范和先进工作者大会上的讲话中强调："我们的根扎在劳动人民之中。在我们社会主义国家，一切劳动，无论是体力劳动还是脑力劳动，都值得尊重和鼓励；一切创造，无论是个人创造还是集体创造，也都值得尊重和鼓励。全社会都要贯彻尊重劳动、尊重知识、尊重人才、尊重创造的重大方针，全社会都要以辛勤劳动为荣、以好逸恶劳为耻，任何时候任何人都不能看不起普通劳动者，都不能贪图不劳而获的生活。"

二、热爱劳动

《中华人民共和国宪法》规定："劳动是一切有劳动能力的公民的光荣职责。"在我们社会主义国家，劳动者应当以国家主人翁的态度对待自己的劳动。无论从事什么形式的劳动，都应该怀着对劳动的真挚情感和正确认识，为社会贡献自己的力量，成为一个合格的公民。热爱劳动是劳动者在对劳动崇尚和追求的基础上，对劳动行为的一种内在选择和情感表达，从崇尚劳动上升到了一个新的层次。情感是态度的核心和行为的动力。热爱劳动是通过对劳动的情感认同，激发劳动者对劳动创造财富、创造幸福的深刻认识，进而转化为劳动热情，促进劳动者自觉劳动、积极劳动、主动劳动，并在劳动的同时感觉到快乐和幸福。

生活中，有许许多多的劳动者，因为热爱而坚持，因为坚持而卓越。在堆积如山的快递面前，李庆恒快速背诵订单信息，12 分钟内在电脑上完成 19 件快递的派送路线设计，用最少的时间、最短的路线，确保每一件快递准确送达（图5-1）；在钢花飞溅的车间（图5-2），郑久强一招一式地学、一炉接一炉地盯，练就了能"测"出钢水温度的"火眼金睛"；为了掌握焊接技术，高凤林拿着筷子练、端着水杯练、举着铁块练，终于练就了为火箭焊接"心脏"的绝技……他们在各自领域所达到的高度，无不源自对劳动的尊崇与热爱。因为热爱，才能全力以赴；因为热爱，才能不懈追求。

图5-1　快递准确送达

图5-2　钢花飞溅的车间

热爱劳动是中华民族的传统美德，也是个人高尚品德的重要体现。在现实社会中，我们需要明白，幸福不会从天而降，梦想不会自动成真，要想实现奋斗目标、开创美好未来，必须通过劳动。只有热爱劳动，才能进一步焕发劳动热情，释放创造潜能，提高干事创业的能力。

三、辛勤劳动

辛勤劳动，既有"辛苦"，又有"勤劳"，突出了劳动的过程及其强度。"辛苦"侧重苦干，无论从事什么职业，处于哪个岗位，都需要付出汗水与辛劳；强调劳动者要埋头苦干、坚持不懈、兢兢业业、直面困难。"勤劳"包含"勤学习"和"勤劳动"两个方面。勤学习，是指一个人要树立终身学习的理念。在课堂上，学好理论知识和基本技能；在岗位上，结合实践进行业务学习，不断更新自我。勤劳

动，是指要脚踏实地、奋发图强，不怕累、不怕苦，勤动手、勤动脑、勤做事。倡导辛勤劳动，就是鼓励劳动者辛劳、勤恳地从事生产劳动，为他人和社会及时有效地提供产品和服务。

《解人颐·勤懒歌》是对古代的"四民"——士、农、工、商进行劝勤戒懒的歌谣，意在告诉人们，只要勤奋做事，天下就没有难做的事情。这里讲"勤"，实际上是在鼓励人们辛勤劳动。人勤则家兴，民勤则国富。辛勤劳动是对劳动的实践认同。再美丽的梦想，没有苦干、实干，也只能是空想。改造自然、探索世界规律和推动社会进步必须通过辛勤劳动去实现；中华民族伟大复兴的中国梦，也是每一个中国人的梦，要靠14亿多人的辛勤劳动去实现。

四、诚实劳动

孟子曰："诚者，天之道也；思诚者，人之道也。"诚实劳动是对劳动的道德认同。诚实劳动侧重实干，强调在劳动时要做到全身心投入，不弄虚作假，认真踏实，保质保量完成劳动任务。诚实劳动集中表现在三个方面：劳动认知客观、劳动行为务实、劳动成果真实，劳动认知客观是指劳动者所掌握和拥有的知识、技能、技巧是客观正确的；劳动行为务实是指在劳动过程中，面对出现的问题，能运用所学进行合理分析和把握；劳动成果真实是指不夸大造假，对待劳动成果坚持实事求是，反对一切不劳而获和投机取巧的行为。在社会思想日益多元化的今天，我们更加强调诚实劳动的重要性。

劳动是财富的源泉，也是幸福的源泉。诚实的劳动者从本心出发，尽心竭力做好自己的本职工作，自然问心无愧，并且往往能赢得他人的尊重和爱戴。诚实的劳动者积极投身社会生产实践，不但创造了基于生存目的的物质价值，而且创造了基于奉献目的的精神价值，这些对于国家和社会来说，都是大有裨益的。

第二节 新时代弘扬劳动精神

劳动是一切成功的必由之路，是创造价值的唯一源泉。今天的我们，习惯了动动手指外卖送来，语音指令机器人擦地。那么，劳动离我们已经远了吗？并不是的。正如习近平总书记所指出的："人世间的美好梦想，只有通过诚实劳动才能实现。"

新时代是奋斗者的时代。实现我们共同的奋斗目标，离不开全体劳动者的辛勤劳动、诚实劳动和创造性劳动。讴歌劳动、鼓励创造，是中华民族生生不息、不断进步的历史基因。

回望过去，可以发现中国近现代史是一部中国人民用劳动创造改变命运的伟大传奇。嫦娥探测器成功发射、航母出海试航、国产大型水陆两栖飞机水上首飞、北斗导航（图5-3）向全球组网迈出坚实一步……70多年来，在党的领导下，我国广大劳动群众自力更生、艰苦奋斗，创造了一个又一个人间奇迹。

图5-3 北斗导航系统模型

不同时代的劳动内涵也在不断更新，但劳动光荣、技能宝贵、创造伟大的劳动追求始终是不变的。习近平总书记明确指出："实现中华民族伟大复兴的中国

梦，根本上要靠包括工人阶级在内的全体人民的劳动、创造、奉献。"让劳动之花在新时代最美绽放，就必须实现好、维护好、发展好广大普通劳动者根本利益，这就需要运用法治思维和法治方式创新体制机制，为广大劳动者岗位建功、才尽其用、各居其位、各得其所开辟广阔天地，让劳动热情充分迸发、创造智慧充分涌流。

我们要大力弘扬劳动精神，擦亮爱岗敬业、劳动光荣的价值原色，树立品质取胜、创新引领的市场风尚，让尊重劳动、尊重知识、尊重人才、尊重创造成为社会共识，加快建设制造强国，推动经济高质量发展，不断满足人民日益增长的对美好生活的需要。

习近平总书记在全国劳模表彰大会的讲话中，对在学生中弘扬劳动精神做了深刻阐述，其主要内容大体有三个层次：一是积极引导，努力让学生崇尚劳动、尊重劳动，对劳动有端正的态度；二是持续教育，让学生懂得劳动最光荣、劳动最崇高、劳动最伟大、劳动最美丽的道理，对劳动有正确的认识；三是大力提倡，让学生长大后能辛勤劳动、诚实劳动、创造性劳动，为党、国家和人民做出更大的贡献，对劳动有具体的行动。

劳动是促进社会发展之动力，是人成长所需之课堂。我国古人既有"一屋不扫，何以扫天下"之问，也有"一室之不治，何以天下家国为"之训。中华民族有热爱劳动、尊崇劳动、勤奋劳动之优良传统。毫不夸张地说，正是一代代劳动者的共同努力，创造了中华民族辉煌的历史，书写了伟大祖国灿烂的篇章。

随着社会的发展和时代的变化，劳动的地位和作用渐渐被忽视、淡忘，甚至出现了轻视劳动的倾向。特别是在青少年成长的过程中，分数成了教育的"指挥棒"，学习成了学生行为的唯一。不少学生饭来张口、衣来伸手，肩不能担、手不能提，而且存在不爱劳动、不会劳动、不珍惜劳动成果等不良倾向。在这样的大背景下，习近平总书记从党和国家事业发展的高度，突出强调弘扬劳动精神，显然具有十分重大的现实意义。尤其是将劳动作为人才培养的重要内容之一，列入人的全面发展的要素，更具有深远的意义，直接关系到教育培养什么人的百年大计。

第三节　积极参加劳动实践

教育与生产劳动相结合是马克思主义教育思想的重要组成部分。高等教育培养的是适应生产、建设、管理、服务第一线需要的高素质技术技能人才，尤其需要吃苦耐劳、艰苦奋斗精神。但在社会价值观多元化的今天，一些大学毕业生好逸恶劳、拈轻怕重，毕业后频繁跳槽，表明其劳动意识、劳动态度、劳动精神等方面出现了一些问题，亟须补上劳动教育这一课。弘扬劳动精神，不仅是高等职业院校实现人才培养目标的重要途径和内容，也是高等职业院校学生自身健康成长的内在需求和积极适应社会需求的必要准备。

探索思考

青少年劳动价值观异化堪忧——嫌贫爱富等不良心态普遍

一些青少年劳动价值观缺失和异化。如何教育引导学生崇尚劳动、尊重劳动，长大后能够辛勤劳动、诚实劳动、创造性劳动，成为亟待解决的问题。

现象一：好逸恶劳、嫌贫爱富，不尊重劳动和普通劳动者。受社会不良风气及家庭教育不当的影响，一些孩子从小形成了"劳动分贵贱"的错误价值观。"爸爸妈妈教育我，如果不好好学习，以后就要去扫大街、当清洁工、进工厂、回家种田……"在他们幼小的心灵里，劳动已然分了贵贱。有一名小学生，他的妈妈是学校的清洁工，他觉得丢脸，在学校里跟妈妈装作不认识。以前的孩子谈到理想，大多数是说当科学家、老师、医生等，现在的孩子不少是说想当老板、明星，像巴菲特一样的"股神"等，因为他们光鲜、亮丽、多金。"谁都渴望有一份不脏不累还挣钱多的职业。"一名中学生告诉记者。

现象二："小皇帝""小公主"层出不穷，"老儿童""巨婴"越来越常见。当前青少年的教育环境和成长氛围呈现"三独"特点，即不少家长是独生子女，教师是独生子女，孩子也是独生子女，家庭和学校很容易缺失劳动教育。"小皇帝""小公主"甚至"老儿童"现象常见。有一名女大学生，上大学带妈妈过来陪读。她的妈妈白天在外面打工，早中晚过来送饭、洗衣服，还承包了她的宿舍卫生。

现象三：不劳而获、坐享其成的苗头浮现。当前，大中小学生超前消费的苗头已经显现，使用奢侈品、高档化妆品的新闻频现报端，大学校园贷、裸贷案例层出不穷。不少人希望不劳而获，有的靠搞网络直播获取"打赏"；有的不顾学习，痴迷于炒期货、黄金和互联网金融P2P；还有的追求"一夜暴富""嫁个富二代，少奋斗10年"。

现象四：不思进取，青年"啃老"现象日益凸显。毕业后如果找不到"不苦不累，冬暖夏凉，坐办公室"的工作，一些青年宁可回家"啃老"，每天在家上网打游戏，拿着父母的钱吃喝挥霍。

现象五：宁送外卖不进工厂，职业教育没有吸引力。当前，由于传统观念、社会地位等原因，高职院校招生困难，青年的就业观扭曲。他们宁送外卖不进工厂，工匠流失严重，制造业转型升级遇阻。

仔细阅读以上内容，认真思考以下两个问题：

1. 材料中提到的现象，在你身上也出现过吗？

2. 怎样纠正对劳动的不正确认识？在现实中要有哪些行动？

一、弘扬劳动精神是人才培养的必然要求

马克思主义劳动观反复强调，劳动创造世界、劳动创造历史、劳动创造了人本身，劳动是人类的本质特征和存在方式，是实现人全面发展的重要途径。苏联著名教育实践家苏霍姆林斯基曾说："我们是紧密联系德育、智育、美育来看

待劳动教育的。"弘扬劳动精神不仅可以培养学生热爱劳动、尊重劳动人民的品质，以及乐观向上、克服困难的善良品性，而且可以培养学生的自尊心、自信心和自豪感，还可以培养学生的集体主义精神，弘扬艰苦奋斗的优良传统，树立正确的世界观、人生观、价值观。

高等职业院校学生大多处于18—22岁，这一阶段正是世界观、人生观、价值观形成的重要时期。弘扬劳动精神有助于学生自我管理、自我约束能力的提高。新时代的劳动观，不能只把体力劳动、简单劳动看成劳动，而是要把脑力劳动与体力劳动、群体劳动和个体劳动、有偿劳动和公益劳动等都看成劳动。在劳动过程中，既提高学生的实践能力，又发掘学生的潜力，发展学生的个性，培养学生的创造能力，这对学生的成长成才是很有必要的。未来社会更是一个创新型社会，它需要每个人都具有创新意识、创新思维、创新能力和创新人格，而这些优秀品质的培养无一能离开劳动来实现。因此，对学生加强劳动观教育，让学生习惯劳动、懂得劳动、热爱劳动，对学生来说终身受益，也是他们健康成长的内在需要。

二、弘扬劳动精神是促进学生全面发展的迫切要求

高等职业院校是培养第一线劳动者的重要场所。高等教育的培养模式必须要以能力为中心，按照社会实际需求设置专业，针对不同专业不断完善学生的技能培训，强调知识的针对性和实用性，强调学生的专业实践能力。完成高等职业院校学生专业技能的培养，必须首先端正其劳动观念，加强其动手能力和操作能力的养成。劳动规模越大，劳动对象越多样，劳动过程越复杂，对劳动者的素质和能力要求就越高、越全面，从而能够造就全面、自由且充分发展的人。目前高等职业院校在弘扬劳动精神方面存在以下几类难题。

（一）劳动观念淡薄

劳动观念是人们对劳动的根本看法和态度，主要包括人们对劳动目的、劳动价值、劳动意义和劳动态度的认识。一部分学生劳动观念淡薄，自理能力差，进而滋生懒惰思想，轻视劳动。在校期间，校园公共卫生由物业公司承担，教室、寝室卫生"脏、乱、差"的现象严重，学生的个人卫生、寝室居住环境堪忧。

（二）课程安排不合理

部分院校并没有设置专门的劳动课，课程安排偏向职业技能培训，人为割裂了职业定位与劳动习惯的养成、劳动技能的完善及劳动时间的关系。即使在有劳动课的学校中，我们也常常可以看到这样的现象：劳动技能课形同虚设，被专业课随意挤占、更改，时上时不上，甚至根本不上。同时，劳动教育的评价、考核机制也不健全，缺乏对学生以个体为主的具体劳动行为及集体劳动的必要规定和考核。

（三）缺乏实践

一些学校的劳动教育不仅在课程安排上缺乏时间保障，在内容设置上仍侧重理论说教，以课堂讲授为主，教育方式方法较单一，很少组织学生参加劳动实践。对现有的实践环节没有足够的重视和周密的安排，使不少社会实践流于形式，对提高学生思想道德的帮助不是很大。社会劳动实践的不足、社会阅历的欠缺，使其无法清晰认识自己的职业角色和社会定位。

三、弘扬劳动精神重在开展实践教育

针对这些问题，当代大学生弘扬劳动精神的实现途径主要在于自觉弘扬正确的劳动观，积极参加劳动实践。新时代以来，我国关于劳动的系列重要论述，在继承和发展马克思主义劳动思想的基础上，基于时代的历史维度与实践的发展向度，回应了新时代中国特色社会主义发展面临的新使命和新课题，构筑起以劳动支撑中国特色社会主义伟大事业的实践路径。在劳动认知上，要充分认识劳动的重要性和劳动范畴的复杂性、广泛性，尊重各种各样的劳动和劳动者；在劳动知识与技能上，要掌握系统全面的劳动科学、劳动技能，要把劳动科学当作一门必修课来学习、掌握。

劳动观教育的最终目的在于劳动行为养成，实践是让理论落地的关键，理论只有真正付诸实践才能落地。学生要通过体验劳动的艰辛、劳动的获得感，认识劳动的意义和价值；积极参加自我服务劳动、班级与校务劳动、家庭劳动、公益劳动等多种形式的劳动教育，体会劳动的无穷乐趣。高等职业院校要通过各种形式的劳动教育，让"劳动最光荣、劳动最崇高、劳动最伟大、劳动最美丽"的观念内化于心、外化于行。

思考与实践

一、名词解释

崇尚劳动 诚实劳动 劳动精神

二、简答题

劳动精神由何而来？如何理解劳动精神的科学内涵？

三、论述题

当代大学生如何弘扬和践行劳动精神？

四、实践活动

垃圾分类，从我做起

实践目标

通过学习垃圾分类（图5-4）的知识，掌握垃圾处理的方法。参与垃圾

分类处理，进一步体验参加劳动的趣味、成就感，增强环保意识、节约意识，树立爱护环境、节约资源、自觉坚持可持续发展的理念。从个人劳动感悟中进一步坚定尊重劳动、敬爱劳动者的正确观念，深刻理解崇尚劳动、热爱劳动、辛勤劳动、诚实劳动的崇高价值。

图5-4 垃圾分类标识

实践操作

1. 认真学习垃圾分类的基本知识。

可回收物是指＿＿＿＿＿＿＿＿＿＿＿＿＿＿＿＿＿＿＿＿＿＿＿＿

＿＿＿＿＿＿＿＿＿＿＿＿＿＿＿＿＿＿＿＿＿＿＿＿＿＿＿＿＿＿＿＿

＿＿＿＿＿＿＿＿＿＿＿＿＿＿＿＿＿＿＿＿＿＿＿＿＿＿＿＿＿＿＿＿

有害垃圾是指＿＿＿＿＿＿＿＿＿＿＿＿＿＿＿＿＿＿＿＿＿＿＿＿＿

＿＿＿＿＿＿＿＿＿＿＿＿＿＿＿＿＿＿＿＿＿＿＿＿＿＿＿＿＿＿＿＿

＿＿＿＿＿＿＿＿＿＿＿＿＿＿＿＿＿＿＿＿＿＿＿＿＿＿＿＿＿＿＿＿

厨余垃圾是指＿＿＿＿＿＿＿＿＿＿＿＿＿＿＿＿＿＿＿＿＿＿＿＿＿

＿＿＿＿＿＿＿＿＿＿＿＿＿＿＿＿＿＿＿＿＿＿＿＿＿＿＿＿＿＿＿＿

＿＿＿＿＿＿＿＿＿＿＿＿＿＿＿＿＿＿＿＿＿＿＿＿＿＿＿＿＿＿＿＿

其他垃圾是指＿＿＿＿＿＿＿＿＿＿＿＿＿＿＿＿＿＿＿＿＿＿＿＿＿

＿＿＿＿＿＿＿＿＿＿＿＿＿＿＿＿＿＿＿＿＿＿＿＿＿＿＿＿＿＿＿＿

＿＿＿＿＿＿＿＿＿＿＿＿＿＿＿＿＿＿＿＿＿＿＿＿＿＿＿＿＿＿＿＿

2. 在宿舍、班级、家庭生活中，坚持带头做好垃圾分类，积极参与垃圾分类指导志愿活动，自觉维护环境卫生。

实践成果

　　制作垃圾分类宣传图片，拍摄参与垃圾分类活动的场景照片，写下参与劳动体验的感悟，作为实践成果留存。

第六章

大国工匠面对面

思政小课堂

我国工人阶级和广大劳动群众要大力弘扬劳模精神、劳动精神、工匠精神，适应当今世界科技革命和产业变革的需要，勤学苦练、深入钻研，勇于创新、敢为人先，不断提高技术技能水平，为推动高质量发展、实施制造强国战略、全面建设社会主义现代化国家贡献智慧和力量。

——习近平总书记致首届大国工匠创新交流大会的贺信

学习目标

知识目标：了解我国工匠精神的发展渊源，准确掌握工匠精神的基本内涵。

技能目标：在学习和生活中自觉弘扬工匠精神，主动践行工匠精神。

素质目标：培养传承工匠精神的自觉意识。

扫一扫 学一学

课堂导入

上海工匠馆

约 1 750 平方米的"上海工匠馆"，讲述了海派工匠的发展历史，展现了百余年来海派工匠的智慧与精湛技艺。馆内开设工匠学堂，邀请了上海工匠走进展馆现场展示技艺、传授技能、弘扬精神，让观展者在兼具可看性、实操性和仪式感的临展区中，亲身体验"明日工匠"的快乐和自豪，让更多青年职工在这里接受匠心传承的"第一课"（图6-1）。

图6-1　上海工匠馆第三部分"开放包容、重铸上海品牌"展厅内景

上海市总工会以庆祝新中国成立70周年为契机，用近1年时间筹建了"上海工匠馆"，打造展示工会形象的新阵地、弘扬工匠精神的新高地、引领青年成才的新灯塔。

按照"以物见技、以技见人、以人见精神"的展示原则，"上海工匠馆"以"时代、人物、技艺、成果"为展示要素，以"实物、模型、多媒体、互动"等展示方式，展示了纺织机、工具磨床、玉兔二号、北横通道盾构、981钻井平台、万吨水压机等150余件实物或模型，讲述了包起帆、李斌、徐小平、王军、胡双钱、王曙群等100余位上海工匠的故事。馆内还采用了较多互联网信息技术及互动装置等，如"上海工匠铸就城市荣光"查询屏、"魔镜墙"趣味问答、5G体验。

"上海工匠馆"的建设还引入了众筹办馆理念，上海各级工会积极响应，献计献策、收集展品、捐献实物、定制模型。不少上海工匠都积极投身于工匠馆的建设中。已故上海市总工会兼职副主席、上海电气液压气动有限公司液压泵厂数控工段长、上海工匠李斌，生前把亲手做的"指环王"零件交给工匠馆筹建组；上海浦宇铜艺装饰制品公司技术总监、设计总监、上海工匠李西

岳不仅捐献了重铸沧州铁狮，还亲自设计、制作了工匠馆的牌匾和铜章墙等。

（资料来源：钱培坚."上海工匠馆"开馆[N/OL].工人日报，2019-10-14.）

从 2015 年起，全国总工会联合中央电视台连年推出一套名为《大国工匠》的纪录片，介绍这群不平凡的劳动者。他们在平凡的岗位上默默坚守、孜孜以求，追求职业技能的完美和极致，最终脱颖而出，跻身"国宝级"技工行列，成为一个领域不可或缺的人才。新技术产业的产生和发展对新型技术人才提出了更高的要求。大国工匠技艺精湛、技能高超，他们严谨专注、追求卓越，他们用双手和汗水诠释工匠精神，以勤劳和智慧推动我国从制造大国向制造强国转变，为国家富强、民族振兴建功立业。大国工匠是我国高技能人才队伍的杰出代表，是产业工人的先进分子，是技术工人的学习楷模。

第一节 工匠精神的内涵

工匠精神的内涵主要包括四个方面：①执着专注，即献身技术工作、忠诚工作、诚实守信的职业态度和心无旁骛、笃定坚韧、耐得住寂寞的精神特质；②精益求精，即注重细节、精雕细琢、追求极致的价值追求；③一丝不苟，即脚踏实地、一丝不苟、务实严谨的专业精神；④追求卓越，即革故鼎新、与时俱进、百折不挠的创新意识和享受工作、勇挑重担、心怀使命的人文胸怀。

从本质上讲，工匠精神是一种基于技能导向的职业精神，它源于劳动者对劳动对象品质的极致追求，它具有爱岗敬业、专注执着、精益求精、严谨慎独、创新创造、情感浸透及自我融入等基本内涵，既表现了对极致之美的品质追求，又体现了对敬业之美的精神追求，还展现了对创造之美的价值追求。工匠精神涉及工作态度、职业操守、价值追求、人生态度等多个方面，其基本内涵可以大致总结为一种对职业的敬畏、对工作的专注、对产品的执着、对服务的精益求精、对人生的止于至善，其核心是一种精神、一种信念或一种情怀。把工匠精神聚焦于工匠个体，工匠精神可以解读为执着专注、精益求精、心无旁骛的工作态度和安分守己、尽善尽美、以诚相待的职业操守；把工匠精神定位于工匠群体，工匠精神可以解读为精益求精、崇尚创新、追求完美的价值追求和百折不挠、坚忍不拔、生生不息的人生态度。

新时代工匠精神，除了具有一般意义上工匠精神的内涵，还具有自身的特殊性：既有对中国传统工匠精神的继承和发扬，又有对外国工匠精神的学习借鉴；既是为适应我国现代化强国建设需要而产生，又是劳动精神在新时代的一种新的实现形式。

匠人的成功之路是追求职业技能的完美和极致，是把一件事情、一门手艺当作终身事业。他们沉浸甚至享受单调、机械、重复的工作，专注和传承传统技艺的精华。然而，工匠的成功之路并不是一味墨守成规的，而是蕴含着一种在传统技艺的基础上融入与众不同的想法，永不满足、不断超越的创新精神，体现的是传统与现代的兼容并蓄、传承与创新的融合并存。

知识链接

昆明重工高级技师耿家盛

1984年，耿家盛进入昆明重机厂（昆明重工的前身）当车工。当车工第一件事是学磨刀。"车刀是车工的灵魂，在我眼里，车刀、产品都是一种艺术品，一定要认真打磨。"耿家盛说。

技校毕业的耿家盛对车间里的车、镗、铣、刨、磨，样样精通，是名副其实的全能机床工，还是个发明创造能手。

1993年，耿家盛所在的分公司首次承接132HC塔机生产任务，原加工工艺效率低、费用高。耿家盛和工友研究创新技术用T68镗床加工，使每组的加工费用从1 250元降到300元，工效提高了3倍。

2010年以后，耿家盛带领工作室成员先后完成拉丝机、轧机等产品工

艺编制和图纸改进 500 余项，攻克了多个技术难关，年平均为公司节约创效 100 余万元。耿家盛告诉记者，多年来他个人的技术发明创新有近 200 项。

"30 多年一门心思做一件事，并不是所有人都能做到的。"耿家盛的徒弟李益雄认为，对"工匠"最好的诠释，应该是耿家盛这样，坚持把一件事情做到极致。

最近，耿家盛的工作室里又多了几张草图，这是他们研制的智能厕所，已经做出两台样机，将在中国－南亚博览会上展示。耿家盛常说："我是在把图纸变成现实。"

大国工匠的精神特质可以概括为：坚持、专一、崇实、创新、担当。与普通工匠相比，大国工匠的荣誉感更浓烈、家国情怀更深沉、集体主义精神更强烈。大国工匠的成长具有以下普遍规律：①长期阶段性积累是成长的必要充分条件；②企业发展是成长的有利条件；③企业主体是成长的载体；④区域集群是成长的重要方面；⑤高技能领军人才是成长的动力；⑥政策制度是其成长的关键。

第二节 工匠精神的历史渊源

中国传统工匠的形象在人们的印象里根深蒂固。有些人认为，随着生产机械化、自动化及人工智能的发展，传统手工业将逐渐被取代，大多数传统工匠的技艺已经过时。这种观念是对工匠及工匠精神群体构成的错误理解。一方面，将"工匠"的概念固化为传统工匠和手工艺人是对工匠作为一种社会分工的窄化。随着时代的变迁，工匠涵盖的职业范围必然与时俱进，如今的工匠已经涵盖各行业中从事技术类工作的职业人群，有技术之处都有工匠的身影。另一方面，这种被取代和已经过时的观念忽视了工匠精神作为一种精神资源的文化价值内核。毋庸置疑，工匠精神源于工匠这一群体，但如若因此就将工匠精神仅仅局限于工匠群体，无疑是片面的，也是不可取的。以"铁人精神"为例，人们不会将"铁人精神"仅仅局限于"铁人"王进喜这一具体个人或大庆油田的石油工人这个小集体，而是以"铁人精神"代表中国石油工人为国分忧、艰苦奋斗、埋头苦干的整体精神风貌。所以，从精神文化的角度界定工匠精神，应当将工匠精神的群体构成放眼于更加广阔的视域。工匠精神已经作为一种现代社会分工中所有人的价值取向与行为追求，成为新的时代要求。可以说，工匠精神是以工匠的精神为基本内涵，体现于各行各业，甚至是所有劳动形式中的价值观。这一价值观包含了对职业和劳动的认同与热爱，对工作专注、执着的态度，对劳动成果的精益求精，以及对极致品质的追求。正确理解工匠精神的群体构成关乎工匠精神的适用和发展。

在我国，工匠精神的历史悠久，从原始社会到现代社会，从孕育产生到发展传承，经历了漫长的演变过程。一方面，这个过程展现了不同时期我国工匠精神的不同特点和要求；另一方面，这也缔造了举世瞩目的世界文明华章。

从古至今，中华大地不乏技艺超群、巧夺天工的卓越工匠。华夏文明精益求精的追求与推崇从未停歇，一代代工匠产出的文明硕果灿若星河。例如，中国织绣工艺文化底蕴深厚，丝织、麻织、毛织、棉织、印染、刺绣等工艺均以历史悠久、制作精美闻名于世。马王堆汉墓出土的能塞进火柴盒的素纱襌衣（图6-2）和各种杂用织物是中国古代织绣工艺的杰出代表，中国的四大名绣更是将中国传统手工艺发扬光大，传承至今。这些熠熠生辉的华夏瑰宝，既是中国一代代工匠的匠心凝萃，也是他们生命的延展。中国工匠用自己的作品说话，

图6-2 素纱襌衣

在短暂的人生中铸就经典，在历史的长河中永远流传。新时代的工匠也有对传统技艺的继承和创新，木雕工匠郑春辉就是很好的例子。

知识链接

郑春辉：纤毫毕现 传续经典

木雕是我国一门古老的传统手工技艺。郑春辉从16岁开始学习木雕工艺，至今已经30多年了。

2009年，郑春辉偶然发现了一棵巨大的香樟木，从看到它的那一刻起，他脑海里闪现的就是用它来创作传世经典《清明上河图》。宋代版《清明上河图》长528厘米，高23.8厘米。为了让巨木被充分利用，郑春辉把原画的长度放大1倍，高度放大6倍。

在采用了镂空雕、透雕、浮雕和莆田精微透雕等雕刻技法后，山川、城墙、街巷、桥梁、房屋和店铺一一浮现出来。2 275个人物，每个大约一寸高，却至少需要雕刻100多刀。郑春辉把最后的创作留在了纤绳上。长66厘米的纤绳，直径仅有4毫米，稍有不慎就会开裂，甚至折断。他在这块区域雕去的木料重达1吨。郑春辉耗费了整整4年时间，才完成《清明上河图》木雕作品。

这块巨木的两面，一面雕刻着收藏在北京故宫博物院的宋代版《清明上河图》，另一面雕刻的是收藏在台北故宫博物院的清代版《清明上河图》。

30多年来，郑春辉凭着手中的一把刻刀，传承着先人的经典之作，也刻画着祖国的大好河山，为这个时代留下一件件传世之作。

中华人民共和国成立后，大庆精神、"两弹一星"精神、载人航天精神、北斗精神等都是中国工匠的精神华彩。中华全国总工会在2015年启动了"大国工匠"杰出技能人才培养宣传行动计划。2017年1月全国总工会进一步要求叫响、做实"大国工匠"品牌，加大对优秀产业工人的宣传、培养力度，让更多的"大国工匠"涌现出来。如今，中国制造、中国创造、中国建造共同发力，持续改变着中国乃至世界的面貌。中国制造正在经历一场"品质革命"，中国创造已在全世界立足，中国建造的超级工程一个又一个拔地而起。中国路（图6-3）、中国桥（图6-4）、中国港（图6-5）、中国网，刷新了一个又一个"中国速度"，中国智慧和中国方案一次又一次检验真理。一双又一双勤劳的手默默编织着美好梦想，一批又一批优秀工匠成为我国由"中国制造"转向"中国智造"、由"制造大国"走向"制造强国"的强大力量。

图6-3 被称为"建在天上"的雅康高速公路

图6-4 世界最长跨海大桥——港珠澳大桥

图6-5　世界最大港口——上海港

知识链接

无惧火花"淋浴"　焊接核电站"心脏"

未晓朋，中国核工业二三建设有限公司连云港项目部管道队焊工班班长。未晓朋从入职第一天就坚守"干一行、爱一行、专一行、精一行"的原则，中专学历的他自学专业书籍，理论结合实践，最终掌握了带压焊接、特殊位置焊接、异种钢焊接等独到的"焊工绝活"，特别是在钨极氩弧焊方面展现出极深的造诣。

未晓朋手上布满了大大小小的疤痕，手心里布满了老茧，完全看不出是一双30岁人的手。由于长时间不间断焊接，未晓朋脸上的皮肤一层层脱落，眼睛每到深夜就不由自主地流眼泪。即使这样，未晓朋在焊接的道路上也从未止步。他整理焊接中出现的每个问题，结合书本理论，反复练习、钻研，自己琢磨出了一套独特的起弧手法，准确地实现了立焊、横焊、仰焊等不同作业条件下的要求。

2010年，未晓朋调任福清核电项目，工期都在夏天最热的时候，穹顶的最高温度能达 50℃，在里面衣服没有一次是干的。长时间下来，他多处皮肤都被泡得发白。而且有些焊口的位置十分复杂，焊接难度非常大，未晓朋坚守岗位，为了加快进程，一干就是十几个小时。终于，穹顶所有焊口一次性达到 100%合格率。

2014 年，未晓朋代表中国核建参加国际焊接技能大赛，拿下钨极氩弧焊单项第一名的傲人成绩，让国内外同行对中国核建的焊接技术刮目相看。凭借其精湛的技艺和扎实的功底，未晓朋在田湾核电二期工程建设中承担了主管道焊接施工任务。核电厂房是核电厂的"心脏"，主管道是连接"心脏"的"主动脉"，未晓朋为了保证质量，通过反复练习，熟悉焊材性能，摸索出一套非常实用的焊接方法，并传授给同事，一起克服了主管道难焊接、易返修的问题。他因此也被誉为核电站的"心脏搭桥师"。

第三节 传承工匠精神

现代科技时代，"工匠"似乎离我们很远。但是，实现中华民族伟大复兴的中国梦，不仅需要大批科学技术专家，同时还需要千千万万的能工巧匠。更重要的是，"工匠精神"作为一种优秀的职业道德文化，它的传承和发展契合了时代发展的需要，具有重要的时代价值与广泛的社会意义。

知识链接

轴匠人——金其福

金其福这个从两眼一抹黑的学徒工成长起来的省级"钳工状元"，从业 18 年以来，几乎都在做同一件事——与机械设备改造和维修难题较劲。

带着这股轴劲儿，他不仅让自己成为一个各工种技术掌握全面的全能型人才，还带领工作室团队成员攻破了一系列生产难题，先后获得"河南省五一劳动奖章""河南省十大能工巧匠""全国五一劳动奖章（图6-6）""中原大工匠"等诸多荣誉，成为享受"国务院政府特殊津贴"的钳工技能专家。

图6-6　全国五一劳动奖章

9年"穷追不舍"终拿下"钳工状元"

1981年，跟随支援国家三线建设的父亲来到中原特钢（原五三一工程）时，金其福年仅2岁。耳濡目染下，他的心中打小就萌生了要像父亲一样，做一个军工人的梦想。2001年，本以为已经学到一身本事的金其福，以优异的成绩从技校毕业，进入中原特钢成为一名钳工。但等到真正进入车间，面对运转的"大块头"们，金其福才发现，原来自己什么都不会。不服输的金其福开始反思并马上意识到，学校所掌握的那些知识远远不够，真想干好这份工作，还需要更加深入的理论和实践学习。

为了练好基本技能，金其福从早到晚泡在工作台前，向师傅学、向工友学，苦练锉削、锯切、研磨、划线、攻丝……三伏天也不例外。带着这股子韧性和轴劲，金其福很快熟练掌握了钳工的多项工艺。2002年，参加工作仅一年的金其福，就在与众多老师傅的较量中，成功斩获全厂钳工技术比赛第一名。

技术好、爱钻研，还勤于学习，年纪轻轻的金其福很快在厂里脱颖而出，不少老师傅当面称赞他能干，但他并没有自满，而是给自己提出更高的要求。

因为他深知，一名优秀的钳工，不仅需要扎实的基本功，还要掌握准确判断设备故障和排除故障的本领。

为了快速成长，他珍惜一切学习机会，一面跟在经验丰富的老师傅身后，虚心问、认真学；一面扩大阅读，提升理论知识，琢磨其他工种的技术知识，每每悟出些心得，他都会立刻记到笔记本上。

"要干好工作就要有点忘我精神、有点轴劲。"金其福常说，轴劲是对技术的执着，也是对自己事业的坚持。

几年下来，金其福光学习笔记就攒了半米多高，同时还利用业余时间自学完成了本科课程。而实践与理论的结合，也使他进步飞快，入厂第5年便夺得河南省钳工比赛第七名，第6年又夺得第三名。2010年，即金其福入厂的第9个年头，他终于拿下河南省"钳工状元"。

要敢于问技术为企业要效益

拿下"钳工状元"的金其福不敢停下脚步，而是把目光放在了器具的改造上。他始终认为，科技在不断进步，工人要操作的工具也越来越先进，只有不断学习，弄清它们的工作原理，才能让它们发挥更大的价值。

金其福的改造创新源于2010年。当时，厂里普通车床向数控刀架转型需要高标准的切削液。通过他的改造，不仅达到了需求标准，而且减少了能源消耗，施工环境也变得更加干净了。迈出第一步后，金其福再接再厉，紧紧结合企业生产实际，搞出了不少切合企业生产需求的发明改造，促进了企业的生产制造，并带来了可观的效益。

在公司的一项老设备搬迁及新设备安装的项目中，要求短时间内将15台（套）大型装备安装完成。其中，芯棒精加工车床长达20米，水平平面内、垂直面直线度要求精度达到0.08毫米，而且一旦出现问题，只能推倒重来，会给国家造成巨大损失。

为此，金其福带领团队，每天工作十几个小时，最终研究出一套"土洋

结合"的方法，用自制千斤顶与悬挂垫铁的方式浇灌水泥，再逐步减少垫铁，反复进行调整，用"土办法"解决了大问题，最后设备精度达到了 0.06 毫米，一次安装到位、一次调试成功，同时创造了公司史上单批次用时最短、安装台数最多的纪录。

几年来，金其福牵头或作为主要责任人，重点攻克了芯棒抛光除尘、16 米重型卧式车床数控刀架改造等关键生产瓶颈，完成合理化建议改良改善 71 项、申报成果 55 项，获得授权专利 9 项，创造直接效益 386 万元。

"作为一名合格的技术工人，不仅要保质保量完成生产任务，更要善于解决问题，敢于问技术为企业要效益。"金其福说。

加快建设制造强国，加快发展先进制造业，关键在于提高创新能力，而工匠精神正是助推创新的重要动力。工匠精神不是因循守旧、拘泥一格的"匠气"，而是在坚守中追求突破、实现创新的"锐气"。把工匠精神融入生产制造的每一个环节，敬畏职业、追求完美，才有可能实现突破创新。党的十九大报告中提出："建设知识型、技能型、创新型劳动者大军，弘扬劳模精神和工匠精神。"我们要通过弘扬工匠精神，培养劳动者追求完美、勇于创新的精神，为实施创新驱动发展战略、推动产业转型升级奠定坚实基础，从而加快建设制造强国，推动经济高质量发展。

学习工匠精神，不仅是一句口号，更要落在具体行动上。对个人而言，工匠精神就是一种认真精神、敬业精神，核心在于不仅仅把工作当作赚钱养家糊口的工具，而是树立起对职业敬畏、对工作执着、对产品负责的态度，极度注重细节，不断追求完美和极致，给客户无可挑剔的体验，将一丝不苟、精益求精的工匠精神融入每一个环节，做出打动人心的一流产品。只有拥有忠诚的职业态度、精益求精的专业精神、乐于工作的人文素养，新时代的技术产业工人才能真正在工作岗位中实现自我价值，才能为社会发展贡献自己的力量。

思考与实践

一、名词解释

大国工匠　工匠精神　工匠工作室　传帮带

二、简答题

新时代工匠精神的内涵是什么？

三、论述题

你认为工匠精神与职业素养有什么关系？如何通过弘扬工匠精神成为高技能人才？

四、实践活动

工匠精神初感悟

实践目标

通过观看电影、现场参观、动手操作实践，了解中国工匠文化劳模的感人事迹，感悟劳模精神的深刻价值，体会现代社会中工匠精神的可贵品质，树立学习传承工匠精神的自觉意识。

实践操作

1. 观看一场电影。组织观看《大国工匠》纪录片或《匠心》电影，深刻体会工匠们执着专注的态度、精益求精的理念、一丝不苟的品格和追求卓越的信念。

2. 参观一次现场。结合学校周边环境，参观一次工厂生产一线，如蛋糕店、制衣厂等。了解各项工艺流程，学习产品质量控制的细节，感悟工匠精神在生产中的实际体现。

3. 学做一项手工。查阅资料，了解能够接触到的非遗文化技艺传承，如陶器制作、剪纸等。组织一次现场参观体验，并积极参与现场学习，主动学练、试做，提高动手操作能力。

实践成果

　　把观影感受、现场感悟、手工学习成果通过文字、图片等形式记录下来，作为实践成果留存。

_____

_____

_____

_____

_____

_____

_____

_____

_____

_____

_____

_____

_____

第三单元

做好劳动准备

第七章

劳动心理要先行

思政小课堂

　　无数人生成功的事实表明，青年时代，选择吃苦也就选择了收获，选择奉献也就选择了高尚。青年时期多经历一点摔打、挫折、考验，有利于走好一生的路。要历练宠辱不惊的心理素质，坚定百折不挠的进取意志，保持乐观向上的精神状态，变挫折为动力，用从挫折中吸取的教训启迪人生，使人生获得升华和超越。

——习近平，《在同各界优秀青年代表座谈时的讲话》（2013年5月4日），《论党的青年工作》，中央文献出版社2023年版，第23—24页

学习目标

知识目标：科学全面准确认识职场劳动心理。

技能目标：掌握职业压力管理和调试的小技巧。

素质目标：具备自觉维护积极健康劳动心理的意识和能力。

扫一扫 学一学

课堂导入

你有可能会经历的职场小烦恼

被疲惫感"困住"的李先生

　　李先生最近总觉得有气无力，工作没有干劲。每天早晨起床时一想到有一整天的工作要做，就感觉一晚上没睡似的，不只是身体累，心也累。他力图改善目前的工作困境，却始终未能如意。被疲惫感"困住"的李先生，一方面想选择辞职逃离工作，另一方面又受制于生活经济压力，进退两难。

越来越"冷漠"的张老师

张老师做教师工作15年了，最近不知道为什么，本来最爱和学生们待在一起的她总是有意无意地避免与学生们近距离接触，她听见学生们在聊天或讨论就心情烦躁，总想躲得远远的。在办公室里，原本爱说爱笑的她也不愿主动和同事聊天了。她每天都不想上课，只想坐在自己的办公桌前，希望谁都不要来打扰她……

丧失成就感的杨女士

杨女士跳槽到一家新的单位，专业对口、收入颇丰，还很稳定。刚开始，杨女士满怀热情地投入工作，可是不到半年，她就开始觉得这份工作没意思，仿佛失去了兴趣，再也不像刚来的时候那样会为了某个项目的顺利完成而高兴了。尤其是当她看到办公室复杂的人际关系时，更感到十分厌倦。她的情绪开始低落，经常发牢骚，消极应付工作，寄希望于通过再一次跳槽重获动力。

(资料来源：编者根据相关资料编写)

劳动心理学是心理学的一门分支学科。它以普通心理学、社会心理学、管理心理学、工业心理学等学科的研究成果为理论基础，分析劳动者在劳动过程中的心理活动及其规律，并结合劳动生产实践，讨论如何运用心理学知识，激发劳动者的积极性，提高劳动生产效率，保障劳动者的身心健康和生产安全。

第一节 科学认识劳动心理

一、劳动与心理

劳动首先始于最简单的认知活动，包括感觉、知觉、思维、决策、记忆等。

人们通过感觉和知觉过程获取信息，识别劳动工具、劳动对象和劳动环境；通过思维过程整合信息、深度加工，并做出合理决策和判断，保证劳动过程的顺利开展。在劳动中人们可能会产生喜、怒、哀、惧等不同的情绪、情感反应。在遇到各种困难时，劳动者可以通过意志过程，支配和调节自己的行为，解决问题，最终实现劳动目标。

认知、情感、意志三者既相互关联，又相互制约。有时，劳动者通过认知识别到劳动环境的整洁、舒适，产生愉悦的情绪，从而加强意志控制，更加投入工作；有时，劳动工具缺乏，劳动环境恶劣，但劳动者可以通过意志控制，克服消极情绪，迎难而上，百折不挠；有时，劳动者依靠对工作的热爱和坚定的信念，可以激发强大的解决问题的创造性。

每个人的观察力、注意力、记忆力、想象力和思考力不同，这是能力差异；每个人的心理加工速度和强度等不同，这是气质差异；每个人的需求、动机、兴趣、意志、情绪、信念等不同，这是个性特征差异。正是这些差异形成了每个人独一无二的个性心理，在劳动中体现出不同的劳动人格。

二、影响劳动者心理的因素

劳动者的身心发展受多种因素影响，概括起来包括遗传、环境、教育、个体的主观能动性四个方面。四种因素相互联系，共同发挥作用。

（一）遗传

所谓遗传，指劳动者从上代继承下来的生理解剖上的特点，如机体的结构、形态、感官、生物节律和神经系统的特点等。这些生理特点也叫作遗传素质，在人的发展中发挥不可忽视的基础作用，如俗语"种瓜得瓜，种豆得豆"。首先，遗传素质是人的发展的前提条件和物质基础，为人的发展提供了可能性。例如，一个拥有健全肌体、感官和神经系统的人，就可能发展成一名运动员。其次，遗

传素质制约着劳动者的身心发展水平及阶段。例如，艺术天赋是文艺工作者走向艺术高峰的重要助力。最后，遗传素质不能决定人的发展。遗传素质影响个体发展，但并不起绝对作用，人的知识、才能、思想、品质等都是在后天形成的，离开了这些条件，遗传素质所给予人的发展可能性便不能成为现实。

（二）环境

所谓环境，指影响个体发展的所有外部因素，主要包括自然环境和社会环境。环境对劳动者的身心发展起着影响作用，如俗语"近朱者赤，近墨者黑"。首先，环境是劳动者身心发展的外部客观条件，使遗传素质提供的发展可能性变成现实。例如，具有音乐天赋的孩子出生在一个音乐世家，这个孩子成为音乐家的概率就会增大许多。其次，劳动者在接受环境的影响时，并不是消极被动的，而是具有自身的主观能动性，可以改变和创设环境。

（三）教育

所谓教育，指教育者根据一定的社会要求，有目的、有计划、有组织地对受教育者施加影响，促使他们朝着所期望的方向发展的活动。其中，学校教育对人的发展起着主导作用，就如俗语"名师出高徒"。首先，学校教育通过专门训练，能有效控制和影响劳动者身心发展的各种因素，产生比较全面、系统而深刻的影响。其次，学校教育按照社会的基本要求对劳动者的发展方向做出不同的设定。同时，学校教育能开发劳动者的个性和潜能。

（四）个体的主观能动性

所谓个体的主观能动性，指的是通过自我意志、态度、思想和意识，主动、自觉地进行认识和实践。个体的主观能动性是劳动者身心发展的动力，具有鲜明的目的性、指向性和创造性，就如俗语"有志者，事竟成"。

成熟劳动人格的标志

劳动者的成熟有两个标志，一个是躯体强健有力，各项生理功能达标；另一个是人格的成熟。成熟人格的形成，不仅关系到个人健康和成才，还关系到社会进步和发展。根据哈佛教授奥尔波特对人格成熟标志的描述，劳动人格的成熟包括以下六个方面：

第一，拥有成熟的自我意识。在劳动中，能感受到自己的生理发展状态；能意识并体验到自己的内在心理活动；能明确定位作为劳动者的具体角色，顺利将自我意识扩及并聚焦到劳动的不同层面；能认识到自己在集体乃至社会中的位置和作用。

第二，与他人建立密切联系。在生活中能与家人、朋友建立亲密感，能够爱自己也爱他人；在劳动中能与他人建立良好的上行、平行和下行沟通，维护高效的合作关系，尊重他人，在一定程度上理解和包容他人。

第三，情绪稳定。一个具有成熟人格的劳动者，有正常的喜、怒、哀、乐等情绪，遇事不盲目地压抑，也不钻牛角尖，能匹配不同的劳动对象和劳动环境来处理各种情绪。在劳动中遭遇挫折时，也能具有一定的承受力，不乱发脾气、牢骚，不随便责怪他人，不自怜自艾，不做有损他人的行为，时时反省自己，寻求解决问题的方法。

第四，具有对劳动的现实知觉，掌握特定的劳动技能。能够正确识别劳动工具、劳动对象和劳动环境，专注投入工作，具备体力、智力、心理三方面的劳动能力；掌握与岗位和生产相匹配的职业知识和技能，拥有良好的劳动习惯及利于自律的劳动意志。

第五，积极地自我洞察。具有成熟人格的劳动者对自我有恰如其分的评价，可以欣赏自我的优点，也可以正视不足，更多关注自己的积极方面，有

较好的自控感；能够根据他人的评价和反馈对自我的想法和行为进行适度调整。

第六，对自我职业生涯发展有思考、有规划。理解人生的意义，对以哪种方式生活、把什么当作人生的最高价值，有自己的思考和计划；通过各种劳动拓展生活和工作领域，愿意体验不同的经历，挖掘自我潜能，有较清晰的职业生涯规划。

 第二节 劳动心理与劳动效率的提升

一、利用生物钟指导劳动

人的劳动作业能力和效率通常在 24 小时内呈周期性变化。例如，人的体温、脉搏、血压（图 7-1）在下午 4 时左右达到峰值，体力协调动作在下午 2—3 时表现最佳，而肌肉活动所需的糖、脂肪和蛋白质在血液中的浓度在下午 5 时达到峰值。

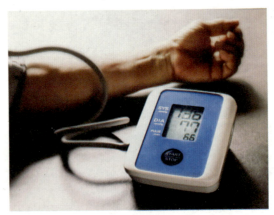

图 7-1　脉搏、血压等的测定

20 世纪初，德国内科医生威尔赫姆·弗里斯和奥地利心理学家赫尔曼·斯瓦波达发现人的体力、情绪和智力存在周期性波动，呈正弦曲线变化。其中，体力生物钟的周期是 23 天，情绪生物钟的周期是 28 天，智力生物钟的周期是 33 天。人的这三种生物钟互相影响、关联密切。三种生物钟的每个周期，首先由周期日开始，进入高潮期；高潮期结束，进入临界日；经过临界日，进入低潮期；低潮期结束，再由周期日开始，进行往复式的循环。在每一个周期的上半周期，生物节律对人的劳动过程发挥积极的影响，称为高潮期。在这个阶段，劳动者体力充沛、精力旺盛、情绪稳定、积极情绪较多、思维反应敏捷、逻辑性较强、问题解决能力更为凸显。进入下半周期后，生物节律对人的劳动过程产生消极、抑制的作用，称为低潮期。劳动者的具体表现为缺乏热情和目标、易疲劳、情绪波动大、意志薄弱、注意力不集中、决策能力和综合分析能力下降。临界日是高潮期向低潮期过渡的日子，人体由高潮期向低潮期转换，此时人体的各部分机能处于调节之中。

我们可以充分利用人体生物节律曲线来有效地指导安全生产，提示劳动者合理安排工作时间，调整身心。例如，研究者尝试利用生物节律曲线来调控汽车司机的驾驶和轮休时间。脑力劳动者可以在智力和情绪高潮期抓紧从事用脑活动，提升脑力劳动效率。从事具有危险性的体力劳动的劳动者，在生物节律低潮期时应提高警觉和自我调整，格外注意劳动安全问题。在体力、情绪和智力三重临界日时，应尤其注意尽可能避免从事高风险作业，以防止事故发生。

二、在集体劳动中高效合作

在劳动中，有他人在场或多人合作时，劳动者个体的劳动效率会受到影响。美国社会心理学家特里普利特根据实验观察发现了社会促进效应，即当有他人在场时，劳动者的效率要比独自劳动时更高。后来又把社会促进效应细分为结伴效应和观众效应。结伴效应，即在结伴活动中，个体会感到社会比较的压力，从而提高工作或活动的效率。观众效应，即个体从事活动时，是否有观众在场、观众的多少及观众的表现对其活动的效率有明显影响。

1965 年，扎永茨提出驱力水平理论，以此来解释社会促进效应。扎永茨认为，他人在场时所唤起的驱力有两种：一种是与他人竞赛的动机。他人在场，个体会在无意中产生与他人竞争的感觉，所以个体会希望表现得更好。另一种是希望得到他人良好评价的动机。当他人在场时，个体会不由自主地认为他人在观察自己，所以时刻关注自己的表情、行为和作业，希望获得好评，从而影响个体的作业水平。因此，合理安排集体协作不仅可以事半功倍，还可以更好地激发个体所长。但是，在某种情况下社会促进效应不仅并未发生，而且相反，当他人在场时反而会抑制个体的表现，使个体的劳动效率下降，从而产生社会抑制效应。例如，美国心理学家达希尔发现，有他人在场时，个体进行乘法运算会出现更多差错。究其原因，主要在于个体想获得他人的尊重和赞许，但又信心不足，这种不匹配导致其心理紧张。简单来说，对于熟练、易学、有信心的活动，他人在场常常带来效率提升，产生社会促进效应；而对于困难、生疏、欠缺信心的活动，他人在场则常常引发个体心理紧张，导致表现欠佳、效率下降、产生社会抑制效应。

德国心理学家黎格曼发现，人们一起拉绳时的平均拉力要比一个人独立拉绳时的平均拉力小，他据此提出社会懈怠效应，如"大锅饭""磨洋工"正是这种现象。社会懈怠效应产生的原因有两种：一种是个体在集体劳动中的劳动未被记名和量化，因此每一个个体都不能确定集体中其他成员的工作量和努力程度，便会低估他人的工作，为求公平，于是自己也就减少努力；另一种是人们可能认为个人的努力对于团体而言微不足道，或是团体绩效很少能归于个人，个人的努力难以衡量，与团体绩效之间没有明确的关系，故而个体便降低努力程度，或不能全力以赴。社会懈怠效应明显降低了群体的劳动效率。

三、科学应对工作疲劳

在持续的紧张工作之后，劳动者的作业水平会明显下降，伴随出现注意力下降、身体疼痛、厌烦、焦虑、紧张、缺乏成就感、暴力倾向、瞌睡等疲倦状态，不仅造成劳动效率降低，甚至可能诱发事故。劳动中的疲劳是一种复杂的生理和心理现象，一般分为生理疲劳和心理疲劳两类。本质上，两种疲劳均是机体的一种正常生理保护机制，是大脑发出的警告信号，提醒人们需要适当休息。测评疲劳的方式有很多，如测量劳动者生理指标（脉搏、血压、能量代谢、乳酸、肾上腺素等）的变化、记录劳动者的感受、分析劳动者脑电图和注意力的改变、观察劳动产品的质量和数量等。

劳动强度越大，持续时间越长，人体负荷越高，越容易出现疲劳。降低疲劳、提高工作效率的措施可以从以下几点入手：第一，改进操作方法、合理规划工作内容。选择符合人体工效学的工作姿势和体位；提前做好规划，避免出现失误和紧急情况而导致精神紧张；做好时间管理，充分运用碎片时间。第二，合理安排日常休息。采用换班制度和休息日制度；参加多样化的工作休闲活动（图7-2）；调整作息时间，保证睡眠时长，保持适度运动。第三，优化工作内容设计，克服单调感。加强操作设计，优化整合作业工序；注意作业切换，降低单调感；设置及细化过程目标，及时向劳动者反馈工作完成情况，激发其成就感。第四，综合个人情况和劳动特点调整工作速率。工作速率对疲劳影响很大，每个劳动者在生理上都有一个最经济的工作速率。在经济速率下工作，耗氧需求最低，不易疲劳，效率更高。

图7-2 劳逸结合能在保持身心健康的同时提高工作效率

四、摆脱倦怠，克服职业瓶颈

除了体力劳动和脑力劳动之外，还有一项同样艰辛的付出常常被人们忽视，就是情绪劳动。最初，情绪劳动只是指那些对劳动者的面部表情有特殊要求的职业。例如，空姐要付出"持续微笑的情绪劳动"，护士要付出"耐心关爱的情绪劳动"，医生要付出"冷静的情绪劳动"，殡葬从业人员要付出"悲伤的情绪劳动"。后来，情绪劳动的定义进一步扩大，不管任何工作，只要涉及人际互动，劳动者都可能需要进行情绪劳动。例如，一个劳动者刚经历离婚，心情很低落，但是进入工作状态后，他需要隐藏自己真实的情绪，展示职业情绪。长此以往，在付出大量的情绪劳动后，又不关注情绪调节，则可能引发工作倦怠。

知识链接

何为工作倦怠

1974年美国精神分析学家弗登伯格首次将工作倦怠引入心理健康领域，用来特指劳动者由于工作所要求的持续情感付出而导致身心耗竭的状态。这个概念一经提出，立刻引起了广泛关注，被视作现代社会的一种职业疾病。到了20世纪90年代，对于工作倦怠的研究范围从服务性质的行业逐渐扩展到教育业、技术业和培训业。目前，世界卫生大会已正式将"工作倦怠"纳入《国际疾病分类第十一次修订本（ICD-11）》。工作倦怠主要表现在以下三个方面：

第一，情感衰竭。没有活力，没有工作热情，感到自己处于极度疲劳的状态。它被视为工作倦怠最核心、最明显的症状表现。

第二，去人格化。刻意在自身和工作对象间保持距离，对工作对象和环境采取冷漠、忽视的态度，对工作敷衍了事，个人发展停滞，提出调度申请等。

第三，无力感或低个人成就感。倾向于消极地评价自己，并伴有工作能力体验感和成就体验感的下降，认为工作不但不能发挥自身才能，而且是枯燥无味的。

第三节 维护积极健康的劳动心理

一、悦纳自我

当"现实的我"和"理想的我"存在矛盾和差异时，人们容易产生两种消极的自我体验：一种是自负，另一种是自卑。膨胀过度的自信导致自负，自负的人往往目空一切，过分相信自己，不愿意听取不同意见，对批评的反应是愤怒、羞愧或感到耻辱。自卑则是自我否定、自我轻视的消极体验，自卑者常常沉浸在比较之中，总是寻找确认对自己不利的证据，对自己感到不满，评价过低，过分在意他人的看法，遇事回避退缩。其实，自负或自卑的深层原因都是缺乏自信。自信是人生成功的催化剂，当信心与思想结合在一起时，就能产生无穷的力量，使人朝着目标加速前进。因此，悦纳自我，接受自己的缺点、欣赏自己的优点，并及时调整和改进自我认识，才能激发强大的生命力。建立自信可以分为以下几步：

第一步，分析自负或自卑产生的原因。审视自己的内心状态，回顾个人的成长历程。

第二步，客观地进行自我评价。用书面的方式罗列自己的优势和不足，向家人或熟悉的朋友求证，不断补充和调整，以便客观准确。

第三步，勇敢正视自我，无条件接受自己的优势和不足。悦纳是一种主动愉悦的接纳，不是被动的接受；悦纳是发展健全自我的核心和关键。每个人都有自己难以改变的限制，既要学会接纳与生俱来的特点，接纳生命中的缺憾和失败，也要学会欣赏自己的优点，享受成功的喜悦。

第四步，在悦纳的基础上，走出舒适区，付诸行动。通过具体的努力和行为，弥补自己的不足，提升自信。

第五步，珍惜自我的独特性，不盲从。对自我提出合理的要求，建立切合实际的目标，学会独立思考，及时自省。

二、做情绪的主人

古希腊哲学家毕达哥拉斯曾说："做自己情绪的奴隶比做暴君的奴隶更为不幸。"当面对各种消极情绪时，不妨找一个独处的环境，感受自己的情绪，觉察情绪背后的信息，积极调适自我情绪，做情绪的主人。常见的情绪调适技巧包括以下几种：

第一，理智调适法。如果情绪是奔腾的"洪水"，那么理智就是一道坚固的"闸门"。理智调适法就是用理性管理非理性。我们很难快速改变引发情绪的事件，但可以通过理性调整，用积极乐观的视角来解读人和事，从而改变情绪。如"感到孤独"和"享受独处"带来的情绪差别，有时只是一个角度问题。

第二，合理宣泄法。学会向家人、朋友等可靠的对象倾诉自己的不快，或是把烦恼写进日记。当处于极度痛苦中时，还可以选择在适当的场合哭泣、大声喊叫等。

第三，注意转移法。感到烦恼时，人们常把所有注意力都集中在烦恼上，自动屏蔽了值得开心和快乐的事情。因此，保持一些爱好，在心情不好时，做一些喜欢的事情，如看书、看电影、散步、运动、听音乐、唱歌、旅游、做家务等，都可以把消极情绪产生的负能量释放出去。

第四，自我放松法。心理学家发现，长期处于高度紧张或情绪低落状态会使自身免疫力降低，引发疾病。可以通过深呼吸放松法、渐进式肌肉放松法、冥想放松法（图7-3）等，缓解情绪带来的身体疲劳，恢复身心和谐。

图7-3 户外冥想

第五，自我暗示法。自我暗示是通过思想、语言或符号，自己向自己发出刺激，以影响自己的情绪、意志和行为。积极的自我暗示既可以松弛过分紧张的情绪，又可以激励自己。当出现愤怒、犹豫、焦虑、挫败等情绪时，不妨在心中默念一些鼓励自己的话，如"别人行，我也可以""一切都会过去的"等。积极的自我暗示还包括为自己设计一个鼓舞人心的口头常用语，如"我很棒""我运气不错""我很乐观"等；将积极情绪与某种行为建立联系，如"洗头后感觉心情舒畅""晨练让我一身轻松""临睡前泡脚让我精力快速恢复"等；相信某些积极行为并在生活中坚持，如相信早餐吃好就能有助于考试，相信每天晨练就能头脑敏捷，相信每晚泡脚就能对抗疲劳，当这些行为发生时，好心情就会自然产生。

三、与压力同行

生活中存在着各种压力源，包括一系列导致个体产生压力反应的情景、刺激、活动和事件。压力来源于家庭、社会、环境、生活、工作，直接来源多为一些常见的消极事件，如经济拮据、失恋、考试挫败等。结婚、晋升、搬家等积极事件也可能让人紧张，引发压力。如果个体需要付出较大的努力来适应压力源，或者

压力已经超出了自己能够承受的范围，那么各种心理和生理的失调便会随之而来。

压力是一种主观感受，劳动者的压力反应取决于压力源的大小，也取决于个人承受力的强弱程度。有的人就像一根弹性很好的弹簧，在各种压力面前伸缩自如，抗压能力很强；有的人就像鸡蛋，遇到磕磕碰碰，就破损了，抗压能力很弱。

在劳动中有效抗压，可以从增强以下四种能力入手：第一，自我压力诊断能力。能够敏感地觉察并理清自我身体、情绪、工作的状态，勇于面对，分析界定自己的压力所在及压力产生的原因。这是压力管理的第一要素。第二，启用"减压阀"的能力。压力过大时，首先启动适合自己的"减压阀"，释放部分压力，以避免"炸锅"。每个人的减压方式不同，运动、整理收纳、睡眠、休闲娱乐、向朋友倾诉都是不错的方法。第三，解决问题的能力。整天生活在焦虑担心之中，不如马上行动，沉下心来积极思考有效的解决方案，将压力转化为动力，必要的时候学会向外界求助，这是压力管理的重要手段。有的压力，一旦开始积极应对，便能化解；而有的压力可能存在暂时无法逾越的障碍；还有的压力甚至超出自己的可控范围。这时则需要重新设定短期目标，或者学会暂时搁置，接受与压力和平相处的状态。第四，调整自我想法的能力。人们往往不是被事情本身所困扰，而是被自己对事情的看法所困扰。所以，有时候我们需要改变一些固有的观念和看法，将一些不合理的信念调整为合理的信念。如"我必须……""如果……就完蛋了""事情一定要……"，都是不合理的信念和想法，我们应该用合理、灵活、积极的想法替代它们，调整为生活和劳动中的正向思维。

🔧 四、提升心理资本

20世纪90年代末，美国心理学家马丁·塞利格曼发起了积极心理学运动，并首次提出"心理资本"的概念。心理资本是除了财力、人力、社会三大资本以外的第四大资本，包括希望、自我效能、韧性、乐观四种积极的心理品质，这四种能量结合，会发生奇妙的化学反应，带来一系列积极的结果。心理资本是一股储藏在我们心灵深处的永不衰竭的力量，它能够帮助个体调节由于人际关系、工作压力带来的心理与生理问题，提升个体的幸福感、满意度等正向心理体验，是促进个人发展和绩效提升的重要心理资源。提升心理资本是一种增强内心力量、促进个体成长的有效方式，可从希望、自我效能、韧性、乐观四个方面着手，具体措施如下。

（一）希望

提升关键词：坚定与变通。对未来满怀希望，必须具备两项基本素质：一是锲而不舍的精神，二是及时变通的能力。前者需要意志力，后者需要明确实现目标的具体途径。积极有效的"希望"通常有以下几个特点：首先，有明确的目标；其次，有坚定的意志，能投入足够的精力，相信自己可以掌控命运等；最后，即使既定目标无法达成，也能及时调整、变通，转向下一个目标，并继续追求。

（二）自我效能

提升关键词：分解与学习。简单来说，自我效能就是个体对自己能够取得成功的信念，即"我相信我能行"。要想提升自我效能感，首先，要擅长分解目标。当面对一项比较复杂的任务时，可以把它分解成若干个小任务，形成一个大目标和若干个小目标，然后逐个击破，在这一过程中多次体验"小成功"，累积自信心，进而不断增强"我能行"的感受。其次，要充分发挥榜样的作用，向榜样学习。我们的认知经常被各种"不可能"所限制，这时，如果有榜样打破常规，那么我们就能从这一榜样中汲取力量，激发"他能，我也能"的自我效能感。

（三）韧性

提升关键词：接纳与转移。在遭遇困境时，大部分人都需要时间平复。有的

人会一蹶不振，久久无法从低谷中走出，就像弹簧被过度拉伸一样，弹性遭到破坏；有的人经历重创后，不仅能逐渐恢复，甚至还能产生新的领悟，发展出更好的能力，就如钢铁被反复锻造一样，越来越坚韧强大。这些韧性很强的人，往往具备两方面的能力：一是接纳现实的能力，事情既然已经发生，与其深陷在消极情绪中，不如接纳现实并寻求新的变化；二是转移注意力的能力，通过其他事情让自己不再胡思乱想，不再长时间沉湎其中。用两句话来总结，即"接受不能改变的，改变可以改变的""你的抗打击能力其实比自己想象的更强"。

（四）乐观

提升关键词：现实与灵活。乐观不是盲目自信、自吹自擂，也不是在面临失败时找"替罪羊"。真正的乐观不应该走极端，既不是将成功全归于自身原因，试图去控制工作、生活的各个方面，也不是将失败全归于外部原因，并推脱责任。现实、灵活的乐观劳动者能够享受和接纳工作和生活中的各类事件，并最大限度地从中总结经验或教训。真正乐观的人处于顺境中时，他们往往更能感受乐观在认知上和情绪上对他们所产生的影响。他们通常会有感恩之心，能够向那些帮助他们成功的人表达谢意和感激之情。他们能够利用环境中的各种机会，来开发和提升自己的潜能，以使自己在将来能把握更多的机会。另外，当他们处于逆境中时，往往能够排除干扰，探究事物的本质，从错误中吸取教训，接受不可变的现实，创造有利条件，然后继续前行。

思考与实践

一、名词解释

劳动心理学　职业倦怠　情绪劳动　工作压力　心理资本

二、简答题

影响劳动者心理的因素有哪些?

三、论述题

怎样维护积极健康的劳动心理?

四、实践活动

悦纳自我　树立自信

实践目标

1. 学会多角度认识自我,树立积极的自我认知。

2. 学会在悦纳自我的过程中缓解自卑、焦虑情绪。

3. 学会相互了解和交流,构建和谐的人际关系。

实践操作

1. 分配小组。每个组员按SWOT表分析自己在未来可能从事的职业劳动中的优势与弱势、机会与威胁。

2. 每个人在组内分享表格内容,其他组员针对该人提出的弱势发表看法,并针对其提出的威胁给出建议和解决方案。

3. 开展"优点轰炸"主题活动:每个人轮流坐或站在团队中央,其他组员逐一说出其至少三个优点,如外貌、性格、能力等,要实事求是、真诚,尽量具体。

4. 组员被"优点轰炸"之后,逐一回应哪些优点是自己觉察到的,哪些优点是自己未觉察到的。

5. 请每个小组推选两名组员上台,向全班同学大声分享自己的三个优点,然后全班同学为其鼓掌喝彩。

实践成果

根据此次活动，全班同学围绕如何树立自信问题进行交流讨论，并撰写活动心得体会。

_____

_____

_____

_____

_____

_____

_____

_____

_____

_____

第八章

安全劳动保平安

学习目标

知识目标：掌握职业安全、安全生产、劳动保护的知识。

技能目标：具备对安全事故原因分析的一般能力。

素质目标 牢固树立安全生产的意识。

思政小课堂

要健全风险防范化解机制，坚持从源头上防范化解重大安全风险，真正把问题解决在萌芽之时、成灾之前。要加强风险评估和监测预警，加强对危化品、矿山、道路交通、消防等重点行业领域的安全风险排查，提升多灾种和灾害链综合监测、风险早期识别和预报预警能力。要加强应急预案管理，健全应急预案体系，落实各环节责任和措施。要实施精准治理，预警发布要精准，抢险救援要精准，恢复重建要精准，监管执法要精准。要坚持依法管理，运用法治思维和法治方式提高应急管理的法治化、规范化水平，系统梳理和修订应急管理相关法律法规，抓紧研究制定应急管理、自然灾害防治、应急救援组织、国家消防救援人员、危险化学品安全等方面的法律法规，加强安全生产监管执法工作。要坚持群众观点和群众路线，坚持社会共治，完善公民安全教育体系，推动安全宣传进企业、进农村、进社区、进学校、进家庭，加强公益宣传，普及安全知识，培育安全文化，开展常态化应急疏散演练，支持引导社区居民开展风险隐患排查和治理，积极推进安全风险网格化管理，筑牢防灾减灾救灾的人民防线。

——《习近平在中央政治局第十九次集体学习时强调 充分发挥我国应急管理体系特色和优势 积极推进我国应急管理体系和能力现代化》，人民日报（2019 年 12 月 1 日 1 版）

扫一扫 学一学

大学生劳动教育（高职版）

课堂导入

安全帽 不可少

　　小安是一名在校大学生，他在大三暑假期间到一家机械制造公司从事生产实习，了解必要的生产工艺，积累工作经验。该公司安全主管王主任接待了小安，并利用一上午的时间专门与小安一起观看了安全教育宣传片，带小安学习了"入厂实习安全注意事项"，并且发给他一顶安全帽。有一天，小安在生产车间实习时，因天气太热，他顺手就摘下安全帽当作扇子扇了起来。恰巧工人李某从事高处作业，一个螺母不慎坠落，刚好落在小安的肩膀上，将小安的肩膀砸伤了，他这才意识到王主任在给他进行入厂安全教育时说的要时刻戴好安全帽的重要性。如果不是螺母，而是扳手、钢管等重物砸在头上，那后果真是不堪设想！他也明白了老师那句"安全无小事，时时刻刻重安全"的实习要求。想要避免类似安全意外伤害事故发生，我们必须掌握一些不可不知的劳动安全知识与技能。

（资料来源：编者根据相关资料编写）

　　劳动安全是指在劳动过程中，将系统的运行状态对劳动者的生命、财产可能产生的损害控制在可接受水平以下的状态。事实上，大学生在生产场所及家庭、学校、社会生活场所中从事各类劳动面临的安全问题是一个复杂的安全系统，只有坚持系统观，才能正确认识劳动安全问题，才能树立全面、系统、科学的劳动安全观念。树立全面、系统、科学的劳动安全观念是大学生从"我爱劳动"到"我会劳动"，再到"我懂劳动"的转变中的"安全红线""生命底线"意识。新时代的大学生要从国家安全、公共安全和职业安全三个层面树立全面、系统、科学的劳动安全观念，在劳动中增强国家安全意识、公共安全意识和职业安全意识。

第一节 在劳动中树立安全意识

一、国家安全意识

所谓国家安全，是指国家政权、主权、统一和领土完整、人民福祉、经济社会可持续发展和国家其他重大利益相对处于没有危险和不受内外威胁的状态，以及保障持续安全状态的能力。大学生在劳动过程中通常会接触到科技安全、信息安全、文化安全、生态安全等国家安全基本内容。在劳动中树立国家安全意识是指在劳动中履行维护国家安全、荣誉及利益的义务方面所应具备的理性认知、情感态度及意志观念的总和。劳动过程中的国家安全意识主要表现为国家安全忧患意识和反间谍意识。

（一）国家安全忧患意识

2014年4月15日，习近平总书记在主持召开中央国家安全委员会第一次会议时提出："当前我国国家安全内涵和外延比历史上任何时候都要丰富，时空领域比历史上任何时候都要宽广，内外因素比历史上任何时候都要复杂，必须坚持总体国家安全观。"在新时代，新安全观和生命观正从传统的"安全第一"上升到"生命至上"，从"生命至上"上升到"人民至上"。形成总体国家安全观，这要求大学生在从事各类劳动中不仅要做德智体美劳全面发展的社会主义建设者和接班人，更要居安思危，增强国家安全忧患意识，在国家安全新形势下，时刻牢记把国家的主权、利益和安全放在第一位。

（二）反间谍意识

了解有关间谍行为的基本常识，识别和洞悉各类危害国家安全的间谍行为，杜绝泄露国家秘密的间谍行为，警惕危害国家安全的特殊活动；了解保守国家秘

密的必要措施，在劳动中牢牢树立反间谍意识，学会维护国家安全，提高在劳动中维护国家安全的能力。

二、公共安全意识

在劳动中还要树立公共安全意识。所谓公共安全，是指人们在公共场所进行正常的生活、工作、学习、娱乐和交往所需要的稳定的外部环境和秩序。大学生在劳动过程中常涉及校园安全、消防安全、食品安全、交通安全、社会安全等公共安全基本内容。劳动中的公共安全意识是人们在劳动过程中面对突发事件进行有效应急准备和应对的必备心理素质。劳动过程中的公共安全意识主要表现为公共安全认知、态度和行动三个层面。

（一）公共安全认知

公共安全认知是指对公共安全知识、经验等方面的具体内容的认识、理解与掌握程度。对校园安全、消防安全（图8-1）、食品安全等公共安全事故的预防、应急等基本知识的了解，对各类公共安全突发事件及突发事件可控程度、严重程度的认识，均反映了大学生劳动过程中的公共安全认知水平。

图8-1　消防员正在灭火

（二）公共安全态度

公共安全态度是指应对公共安全突发事件时介于刺激和行为反应之间的评价。面对公共安全突发事件的各种不确定情况，能否识别公共安全中的单一事件及其耦合、衍生、蔓延和转换成二次事件等不同情况，以及对此的评价，反映了大学生劳动过程中的公共安全应对态度问题。

（三）公共安全行动

公共安全行动是指应对公共安全突发事件的行为倾向和决策。大学生要有参与公共安全意识提升活动的倾向、参与突发事件应急管理活动的倾向、与管理部门进行行动合作的倾向。

三、职业安全意识

从广义上讲，劳动安全是指人们进行生产过程中没有人员伤亡、职业病、设备损坏或财产损失发生的状态，在劳动过程中一般涉及人身安全、职业病预防和应急避险等职业安全基本内容。劳动中的职业安全意识是指在劳动过程中避免人、物、环境遭受危害的认知、情感和意志的心理过程的总和。劳动过程中的职业安全意识主要表现为不伤害自己、不伤害他人、不被他人伤害和保护他人不受伤害四个层面。

（一）不伤害自己

劳动过程中不伤害自己就是要提高自我保护意识，不能由于疏忽、失误而使自己受到伤害。这取决于个人安全意识的强弱、对安全知识的掌握、对工作任务的熟悉程度、岗位技能水平、工作态度、工作方法、精神状态、作业行为等多方面因素。为了不伤害自己，一定要做到：保持正确的工作态度及良好的身体和心理状态，保护自己的责任主要靠自己；掌握自己操作的设备或活动中的危险因素

及其控制方法，遵守安全规则，使用必要的防护用品，不违章作业；任何活动或设备都可能是危险的，确认无伤害威胁后再实施，三思而后行；杜绝侥幸、自大、想当然心理，莫以患小而为之；积极参加安全教育训练，提高识别和处理事故隐患的能力；虚心接受他人对自己不安全行为的纠正。

（二）不伤害他人

劳动过程中不伤害他人就是指自己的行为或行为后果，不能给他人造成伤害。在多人作业的交叉场所，个人由于不遵守操作规程、对作业现场环境观察不够及个人操作失误等原因，可能会对周围的人员造成伤害。为了不伤害他人，一定要做到：尊重他人的生命，不制造安全隐患；对不熟悉的活动、设备、环境要多听、多看、多问，进行必要的沟通之后再开始工作；操作设备，尤其是启动、维修、清洁、保养设备时，要确保他人在免受影响的区域；对所知的危险及时告知受影响人员，加以消除或予以标识；对所接收到的安全规定、标识、指令，认真理解后再执行；管理者做好安全表率，对危害行为坚决零容忍。

（三）不被他人伤害

劳动过程中不被他人伤害就是要求每个人都要加强自我防范意识，避免他人的错误操作或其他隐患对自己造成伤害。人的生命是脆弱的，变化的环境蕴含多种不可控的风险，因此应该避免自己的人身安全被他人威胁。为了不被他人伤害，一定要做到：提高自我防护意识，保持警惕，及时发现并报告危险；把自己的安全知识及经验与他人共享，帮助他人提高事故预防技能；不忽视已标识的或潜在的危险，并远离它，除非得到充分防护及安全许可；纠正他人可能危害自己的不安全行为，不伤害生命比不伤害情面更重要；冷静处理所遭遇的突发事件，正确应用所学的安全技能；拒绝他人的违章指挥（包括领导所发出的），不被伤害是自身的权利。

（四）保护他人不受伤害

在劳动过程中，个人还要担负起关心、爱护他人的责任和义务，不仅自己要注意安全，还要保护团队的其他人员不受伤害。为了保护他人不受伤害，一定要做到：任何人在任何地方发现任何事故隐患，都要主动告知或提示他人；提示他人遵守各项规章制度和安全操作规范；提出安全建议，互相交流，向他人传递有用的信息；视安全为集体的荣誉，为团队贡献安全知识，与他人分享经验；关注他人身体、精神状况等方面的异常变化；一旦发生事故，在保护自己的同时，也要主动帮助身边的人摆脱困境。

第二节　劳动中的职业安全

从狭义上讲，职业安全指的是职业劳动过程中人员的人身安全问题。2021年新修订的《中华人民共和国安全生产法》（以下简称《安全生产法》）强调了"安全第一、预防为主、综合治理"的方针，体现了以人为本，坚持"人民至上、生命至上"的安全发展理念。应急管理部的统计数据显示，2005—2019年全国安全生产形势持续稳定好转，全国生产安全事故死亡人数逐年下降。据相关报道，近年来我国事故总量、较大事故和重特大事故数量都实现了下降。

党和国家一直高度重视安全生产，开展了一系列安全生产监督管理改革。1949年11月召开的第一次全国煤矿工作会议提出"煤矿生产，安全第一"。1952年，第二次全国劳动保护工作会议明确要坚持"安全第一"方针和"管生产必须管安全"的原则。1993年，国务院决定实行"企业负责，行业管理，国家监察，群众监督，劳动者遵章守纪"的安全生产管理体制，相继颁布了《中华人民共和国矿山安全法》等多项法规。1999年12月30日，国家煤矿安全监察局成立。2000年初，在国家煤炭工业局加挂国家煤矿安全监察局牌子，成立了20个省级监察局和71个地区办事处，实行统一垂直管理。2001年2月，为适应我国安全

生产工作的需要，进一步加强对安全生产的监督管理，预防和减少各类伤亡事故，经国务院批准组建国家安全生产监督管理局，与国家煤矿安全监察局一个机构两块牌子。2002年6月全国人大常委会出台了《中华人民共和国安全生产法》，安全生产开始纳入法制轨道。2003年，国家安全生产监督管理局改为国务院直属机构。2005年2月，国家安全生产监督管理局调整为国家安全生产监督管理总局，规格为正部级，为国务院直属机构。2018年3月，设立中华人民共和国应急管理部（以下简称"应急管理部"）。2020年，应急管理部非煤矿山（含地质勘探）安全监管职责及相应编制等划出，安全生产基础司撤销，危险化学品安全监督管理司更名，增设危险化学品安全监督管理二司。国家应急管理初步实现预期改革。2021年6月，第十三届全国人民代表大会常务委员会第二十九次会议对《安全生产法》做出第三次修订，进一步明确提出安全生产工作应当以人为本，将坚持安全发展写入了总则，提出要建立生产经营单位负责、职工参与、政府监管、行业自律、社会监督的工作机制，进一步明确了各方安全职责。

一、职业安全中的事故类型

职业安全中的事故，多表现为生产安全事故。所谓生产安全事故，简称事故，是指生产经营单位在生产经营活动（包括与生产经营有关的活动）中突然发生的，伤害人身安全、损坏设备设施，或者造成经济损失，导致原生产经营活动（包括与生产经营有关的活动）暂时中止或永远终止的意外事件。我们要从多种视角来认识职业活动中的事故类型，这些不同的事故类型的划分也分别从不同方面描述了事故的不同特点。

（一）事故类型

一般而言，事故类型的划分通常有三种标准：一是按照伤害程度，分为伤害程度往往较大的工矿商贸等企业生产安全事故和伤害程度较轻的其他一般事故；

二是按照致害原因，分为物体打击、车辆伤害、机械伤害、起重伤害等 20 类；三是按照受伤性质，分为电伤、挫伤、割伤、擦伤、刺伤、撕脱伤、扭伤、倒塌压埋伤、冲击伤 9 类。

（二）事故等级

根据造成的人员伤亡或直接经济损失，事故一般分为四个等级。一是特别重大事故。特别重大事故是指造成 30 人以上死亡，或者 100 人以上重伤（包括急性工业中毒），或者 1 亿元以上直接经济损失的事故。二是重大事故。重大事故是指造成 10 人以上 30 人以下死亡，或者 50 人以上 100 人以下重伤，或者 5 000 万元以上 1 亿元以下直接经济损失的事故。三是较大事故。较大事故是指造成 3 人以上 10 人以下死亡，或者 10 人以上 50 人以下重伤，或者 1 000 万元以上 5 000 万元以下直接经济损失的事故。四是一般事故。一般事故是指造成 3 人以下死亡，或者 10 人以下重伤，或者 1 000 万元以下直接经济损失的事故。这是大学生应该了解的事故等级划分标准，已列入国家统计局事故统计通用指标。此外，国务院应急管理部门可以会同国务院有关部门，制定事故等级划分的补充性规定。

二、职业活动中的事故隐患

所谓事故隐患，是生产安全事故隐患的简称，指生产经营单位违反安全生产法律、法规、规章、标准、规程和安全生产管理制度的规定，或者因其他因素在生产经营活动中存在可能导致事故发生的人的不安全行为、物的不安全状态、场所的不安全因素（环境不安全因素）和管理上的缺陷。

（一）人的不安全行为

人的不安全行为是指造成人身伤亡事故的人为错误，不安全行为反映了事故发生的人的方面的原因。人的不安全行为是指引起事故发生的不安全动作，包括

应该按照安全规程做而没有这样做的行为。劳动过程中常常要避免的不安全行为包括操作错误、忽视安全、忽视警告，人为造成安全装置失效，使用不安全设备，手代替工具操作，物体（成品、半成品、材料、工具等）存放不当，冒险进入危险场所，攀坐不安全位置（平台护栏等），在起吊臂下作业、停留，机器运转时，进行加油、修理、检查、调整、焊接、清扫等工作，有分散注意力行为，没有正确使用个人防护用品和用具，不安全装束，对易燃、易爆等危险品处理错误，等等；大学生在劳动中要学会避免实施不安全行为。

（二）物的不安全状态

物的不安全状态是指事故发生的物质条件。物的不安全状态主要体现为装置缺乏或有缺陷，设备、设施、工具、附件缺乏或有缺陷，用品用具缺乏或有缺陷三类，这是造成职业安全事故中物的主要直接原因。在劳动过程中要避免的物的不安全状态包括防护、保险、信号等装置缺乏或有缺陷；强度不够，如机械强度不够，电气设备绝缘强度不够等；设备在非正常状态运行，如设备带"病"运转，超负荷运转等；维修、调整不良，如设备失修、保养不当等；个人劳动防护用品用具缺乏或不符合安全要求；生产（施工）场地环境不良；交通线路的配置不安全；操作工序设计或配置不安全；物体贮存方法不安全，如环境温度、湿度不合适；等等。大学生在劳动中要学会避免引发物的不安全状态。

（三）环境不安全因素

环境不安全因素是指生产（施工）作业环境中的不安全因素。生产作业的环境不安全因素主要包括生产安全防护设施配置不完善；照明光线不良，如照度不足、作业场地烟尘弥漫、视物不清、光线过强；通风不良，如无通风、通风系统效率低；作业场所狭窄；作业场地杂乱，如工具、制品、材料堆放不安全；地面滑，如地面有油或被其他液体、冰雪覆盖，地面有其他易滑物；贮存不安全物品，如有毒、腐蚀性化学危险品或易燃易爆气体；环境温度、湿度不当；等等。大学生在劳动中要学会识别场所的不安全因素，并采取相应的补救措施。

（四）管理上的缺陷

管理上的缺陷是指管理责任缺失所导致的缺陷。管理上的缺陷主要包括技术和设计缺陷；安全生产教育和培训不够；劳动组织不合理；对现场工作缺乏检查或指导错误；安全生产管理规章制度和安全操作规程缺失或不健全；事故防范和应急措施缺乏或不健全；对事故隐患整改不到位，经费和措施等落实不到位；等等。大学生在劳动中要学会避免管理上的缺陷。

三、事故预防的 3E 对策

对事故的预防与控制应该从安全技术（engineering）、安全教育（education）、安全管理（enforcement）三个方面入手，简称"3E"对策。从这三个方面采取相应的措施，而且三者要保持平衡，才能做好事故预防。安全技术对策着重解决物的不安全状态问题；安全教育对策主要解决人的不安全行为问题，即使人知道应该怎么做；安全管理对策主要针对管理层面，以明确的规章制度约束和规范人的行为。

（一）安全技术对策

安全技术对策是以工程技术手段解决安全问题，预防事故的发生及减少事故造成的伤害和损失，是预防和控制事故的最佳安全措施。安全技术分为预防事故发生的安全技术和防止或减少事故损失的安全技术。预防事故发生的安全技术的基本出发点是采取措施约束、限制能量或危险物质，防止其意外释放。常用的有消除危险源、限制能量或危险物质、隔离等技术。防止或减少事故损失的安全技术的基本出发点是防止意外释放的能量触及人或物，或者减轻其对人和物的作

用。事故发生后如果不能迅速控制局面，则事故规模有可能进一步扩大，甚至引起二次事故而释放出更多的能量或危险物质。在事故发生前就应该考虑到采取避免或减少事故损失的技术措施。常用的有隔离、个体防护、薄弱环节应对、避难与援救等技术。

（二）安全教育对策

安全教育是事故预防与控制的重要手段之一。安全教育是通过各种形式，包括学校教育、媒体宣传、政策导向等方式方法，提高人的安全意识和素质，使人们学会从安全的角度观察和理解要从事的活动和面临的形势，用安全的观点解释和处理自己遇到的新问题。安全教育主要是一种意识的培养，是长时期的甚至贯穿于人的一生的，并在人的所有行为中体现出来，而与其所从事的职业并无直接关系。大学生需要终身接受安全教育，学习安全知识，掌握安全技能。

（三）安全管理对策

从表面上看，事故的发生是由于生产空间、设备、设施和人为差错等不安全条件所造成的，如果对事故原因进行深层分析，可发现其根源还是管理上的缺陷，只不过表现的形式不同。安全管理对策是用各项规章制度、奖惩条例约束人的行为和自由，达到控制人的不安全行为、减少事故的目的。在长期的生产管理实践活动中，人们总结出了许多行之有效的安全管理措施，如全员安全生产责任制；"三同时"安全设施，即生产经营单位新建、改建、扩建工程项目必须与主体工程同时设计、同时施工、同时投入生产和使用；"四不放过"原则，即事故原因未查清不放过、责任人员未处理不放过、整改措施未落实不放过、有关人员未受到教育不放过；各项安全法规、标准、手册，安全操作规范；等等。这些安全管理措施大多在现代企业安全管理工作中起着举足轻重的作用。此外，安全检查、风险识别、安全评价等方式也是安全管理工作中控制事故的重要安全管理措施，为保证安全管理的效果，落实事故隐患的排查、监控，减少人的不安全行为起到积极作用。

第三节 职业健康与劳动保护

一、认识职业健康

从广义上讲，职业健康也称职业卫生，是对工作场所内产生或存在的职业性有害因素及其健康损害进行识别、评估、预测和控制的一门科学，其目的是预防和保护劳动者免受职业性有害因素所致的健康影响和危险，使工作适应劳动者，促进和保障劳动者在职业活动中的身心健康。大学生对职业健康常常存在认识误区，认为自己年轻、身体好，不需要关注职业病。事实上，我国职业病防治形势不容乐观。国家卫生健康委员会统计的数据显示，2005—2019 年全国职业病新发病例总体呈现先上升后下降的趋势，而 2019 年仍有近 2 万例的职业病新发病例。

职业病防治事关劳动者身体健康和生命安全，事关经济发展和社会稳定大局。党和国家一直高度重视职业病防治工作。1949 年 11 月 1 日，中央人民政府卫生部成立，下设公共卫生局，主要负责职业卫生。1950 年，公共卫生局改称保健防疫局。2009 年，国务院颁布了第一个五年职业病防治规划《国家职业病防治规划（2009—2015）》（国办发〔2009〕43 号）。2016 年 10 月 25 日，中共中央、国务院颁布了《"健康中国 2030" 规划纲要》，并明确提出要强化行业自律和监督管理职责，推动企业落实主体责任，推进职业病危害源头治理，预防和控制职业病发生。2018 年 3 月，设立中华人民共和国国家卫生健康委员会。2019 年 7 月 11 日，国家卫生健康委员会等 10 部门印发《尘肺病防治攻坚行动方案》，提出加强尘肺病预防控制和尘肺病患者救治救助工作。2020 年 4 月 6 日，国家卫生

健康委员会发布《关于加强职业病防治技术支撑体系建设的指导意见》，提出加快推进职业健康治理体系和治理能力现代化。

二、职业健康中的职业病防治

（一）职业病分类

所谓职业病，是指企业、事业单位和个体经济组织等用人单位的劳动者在职业活动中，因接触粉尘、放射性物质或其他有毒、有害因素而引起的疾病。1957年我国首次发布了《关于试行〈职业病范围和职业病患者处理办法的规定〉的通知》，将职业病确定为14种。1987年对其进行调整，增加到9类99种。随着我国经济社会的快速发展，新材料、新技术、新工艺的广泛应用，以及新的职业、工种和劳动方式不断产生，劳动者在职业活动中接触的职业病危害因素更为多样、复杂。2002年，原卫生部联合原劳动保障部发布了《职业病目录》，将职业病增加到10类115种。2013年12月23日，原国家卫生和计划生育委员会、人力资源和社会保障部、原国家安全生产监督管理总局、中华全国总工会4部门联合印发《职业病分类和目录》，将职业病分为职业性尘肺病及其他呼吸系统疾病、职业性皮肤病、职业性眼病、职业性耳鼻喉口腔疾病、职业性化学中毒、物理因素所致职业病、职业性放射性疾病、职业性传染病、职业性肿瘤、其他职业病共10类132种。

（二）职业病防治

在职业病防治上，用人单位是责任主体，必须做到：第一，用人单位应当组织接触职业病危害因素的劳动者进行上岗前职业健康检查。第二，用人单位应当组织接触职业病危害因素的劳动者进行定期职业健康检查。对需要复查和医学观察的劳动者，应当按照体检机构要求的时间，安排其复查和医学观察。第三，用人单位应当组织接触职业病危害因素的劳动者进行离岗时的职业健康检查。第四，对遭受或可能遭受急性职业病危害的劳动者，用人单位应当及时组织其进行健康检查和医学观察。第五，用人单位对疑似职业病病人应当按规定向所在地卫生行政部门报告，并按照体检机构的要求安排其进行职业病诊断或医学观察。第六，用人单位组织相关职工进行职业健康检查时，应当根据所接触的职业危害因素类别，按《职业健康检查项目及周期》的规定确定检查项目和检查周期。需复查时，可根据复查要求相应增加检查项目。

此外，在职业病防治上，劳动者个人也必须做到：第一，不生产、经营、进口和使用国家明令禁止使用的可能产生职业病危害的设备或材料。第二，不将产生职业病危害的作业转移给不具备职业病防护条件的单位和个人。第三，在不具备职业病防护条件的情况下，不接受产生职业病危害的作业。第四，学习和掌握相关的职业卫生知识，增强职业病防范意识，遵守职业病防治法律、法规、规章和操作规程，正确使用、维护职业病防护设备和个人使用的职业病防护用品，发现职业病危害事故隐患要及时报告。

（三）职业病诊断

在实际工作中，劳动者如果不幸患上了职业病，便可以根据相关法律法规的规定维护自己的正当权益，争取赔偿。但在此之前，劳动者需要做职业病诊断，所以我们有必要了解职业病诊断的基本程序是什么，应该提供哪些具体材料及诊断后如何依法享受国家规定的职业病待遇。

1. 职业病诊断的基本程序

疑似职业病的劳动者，可以根据个人情况在用人单位所在地或本人居住地，选择依法承担职业病诊断的医疗卫生机构进行诊断，这里所说的职业病诊断机构必须是由省级以上卫生行政部门批准的医疗卫生机构，由该机构组织三名以上取得职业病诊断资格的执业医师集体诊断，诊断证明书由参加诊断的医师共同签

署，然后由机构审核盖章。若当事人对职业病诊断有异议，30 日内可以向作出诊断的医疗卫生机构所在地区市级卫生行政部门申请鉴定，由该部门组织职业病诊断鉴定委员会进行鉴定。若对鉴定结果仍有异议，可继续向省级卫生行政部门申请鉴定。

2．劳动者申请职业病诊断时应当提供的材料

劳动者申请职业病诊断时应当提供的材料主要包括职业史、既往史；职业健康监护档案复印件；职业健康检查结果；工作场所历年职业病危害因素检测、评价资料；诊断机构要求提供的其他必需的有关材料。用人单位和有关机构应当按照诊断机构的要求，如实提供必要的资料。

3．患有职业病的劳动者依法享受国家规定的职业病待遇

第一，用人单位应当保障职业病病人依法享受国家规定的职业病待遇。用人单位应当按照国家有关规定，安排职业病病人进行治疗、康复和定期检查。用人单位对不适宜继续从事原工作的职业病病人，应当调离原岗位，并妥善安置。用人单位对从事接触职业病危害作业的劳动者，应当给予适当的岗位津贴。

第二，职业病病人的诊疗、康复费用，伤残及丧失劳动能力的职业病病人的社会保障，应当按照国家有关工伤保险的规定执行。

第三，职业病病人除依法享有工伤保险外，依照有关民事法律，尚有获得赔偿权利的，有权向用人单位提出赔偿要求。

第四，劳动者被诊断患有职业病，但用人单位没有依法参加工伤保险的，其医疗和生活保障由该用人单位承担。

第五，职业病病人变动工作单位，其依法享有的待遇不变。用人单位在发生分立、合并、解散、破产等情形时，应当对从事接触职业病危害作业的劳动者进行健康检查，并按照国家有关规定妥善安置职业病病人。

第六，用人单位已经不存在或无法确认劳动关系的职业病病人，可以向地方人民政府医疗保障和民政部门申请医疗和生活等方面的救助。地方人民政府应

当根据本地区的实际情况，采取其他措施，使该职业病病人获得医疗救治。

三、职业病的三级预防对策

大学生不仅要重视职业活动中的安全问题，更要重视职业健康问题，时刻做好职业病的三级预防，努力“为祖国健康工作五十年”。职业病是一类人为的疾病，应按三级预防措施加以控制，以保护职业人群的健康。大学生应该了解职业病三级预防的基础知识，重视个人职业病预防。

（一）职业病第一级预防措施

第一级预防，又称病因预防，是从根本上杜绝职业病危害因素对人的作用，即改进生产工艺和生产设备，合理利用防护设施及个人防护用品，以减少人接触职业病危害因素的机会，减轻受影响程度。对人群中处于高危状态的个体，可依据职业禁忌证进行检查，凡有职业禁忌证者，不应参加与之相关的工作。可见第一级预防的措施针对的是控制整个人群的健康危险因素，属于首级预防的范畴。

（二）职业病第二级预防措施

第二级预防是早期检测人体受到职业病危害因素所致的疾病。第一级预防措施虽然是最理想的，但所需费用较大，有时难以完全达到理想效果，仍然会出现罹病人群，所以第二级预防成为必需的措施。其主要手段是定期进行环境中职业病危害因素的监测和对接触者的定期健康检查，以在早期发现病损并及时预防、处理。此外，还有长期病假或外伤后复工前的检查及退休前的检查。定期健康检查的间隔期可根据下列原则而定：疾病的自然演变，发病快慢和严重程度；接触的职业病危害程度；接触人群的易感性。身体健康检查项目鼓励使用特异及敏感的生物检测指标进行评价。肺通气功能的检查或X射线肺部摄片，常作为对接触粉尘作业者的功能性和病理性改变检查项目，其他如心电图、脑电图、神经传导

速度和听力检查等，均可作为早期的特异性检查项目。

（三）职业病第三级预防措施

第三级预防是在得病以后，予以病人积极治疗和合理的促进康复处理（图8-2）。第三级预防措施包括对已受损害的接触者调离原有工作岗位，并予以合理的治疗；根据接触者受到损害的原因，对生产环境和工艺过程进行改进，既治疗病人，又治理环境；促进患者康复，预防并发症。除极少数的职业中毒有特殊的解毒治疗方法外，大多数职业病主要依据受损的靶器官或系统，用临床治疗原则，给予对症综合处理。特别对接触粉尘所致肺纤维化的病损，目前尚无特效方法予以逆转。

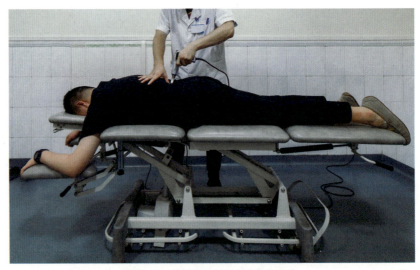

图8-2 针对腰椎的职业病康复治疗

因此，职业病的预防处理原则，重点还是在于全面执行三级预防措施，做到及时预防、早期检测、早期处理、促进康复、预防并发症、改善生活质量。

四、劳动保护

劳动保护就是依靠技术进步和科学管理，采取技术和组织措施，消除劳动过程中危及人身安全和健康的不良条件与行为，防止伤亡事故和职业病，保障劳动者在劳动过程中的安全和健康。

　　国家为保护劳动者在生产活动中的安全和健康，在改善劳动条件、防止工伤事故、预防职业病、实行劳逸结合、加强女工保护等方面所采取的各种组织措施和技术措施，这些被统称为劳动保护。劳动保护的具体内容包括：工作时间的限制和休息时间、休假制度的规定；各项劳动安全与卫生的措施；对女职工的劳动保护（表8-1）；对未成年工的劳动保护。

表8-1　对女职工的劳动保护

类别		具体内容
禁止性别歧视		凡适合女职工就业的工作不得拒绝女职工，且同工同酬
解除终止劳动合同时的禁止		女职工在孕期、产期、哺乳期若没有过错，不得解除或终止劳动合同
女职工禁忌劳动		重体力劳动以及有毒有害等恶劣环境下的工作
女职工四期保护	经期	禁忌冷冻、低温环境下劳动；禁忌高强度体力劳动
	孕期	禁忌恶劣环境下工作；不得延长工作时间；孕期七个月以上不得安排上夜班，劳动时间内安排休息；带薪孕期检查
	产期	享受产假待遇
	哺乳期	每天两次哺乳时间，每次半小时；不得延长劳动时间；不得安排夜班

思考与实践

一、名词解释

国家安全　职业安全　事故隐患　职业健康　劳动保护

二、简答题

影响劳动者职业健康的因素有哪些？

三、论述题

怎样维护劳动者的职业健康？

四、实践活动

身边安全隐患大排查

实践目标

1. 巩固本章所学有关劳动安全的知识。

2. 掌握校园安全事故隐患排查记录表的制作技能与现场排查方法。

3. 提高对校园安全事故隐患的辨识能力，增强校园安全意识。

实践操作

1. 根据具体情况，对校园安全事故隐患排查进行单元划分，如宿舍区、公共活动区、实训实验区、教学区、食堂区等。

2. 结合实践教学或专题指导，设计校园安全事故隐患排查记录表。

3. 到指定地点进行现场事故隐患排查，并做好摄像和文字记录，填写校园安全事故隐患排查记录表。

实践成果

根据排查结果，撰写校园安全事故隐患排查小组报告。

第九章

劳动权益全保障

学习目标

知识目标：了解劳动者权益及其维护的相关法律法规知识。

技能目标：掌握劳动者签订劳动合同的主要关注事项及维护权益的基本手段。

素质目标：能够树立合法维护劳动者权益的自觉意识。

思政小课堂

劳动关系是生产关系的重要组成部分，是最基本、最重要的社会关系之一。劳动关系是否和谐，事关广大职工和企业的切身利益，事关经济发展与社会和谐。

在新的历史条件下，努力构建中国特色和谐劳动关系，是加强和创新社会管理、保障和改善民生的重要内容，是建设社会主义和谐社会的重要基础，是经济持续健康发展的重要保证，是增强党的执政基础、巩固党的执政地位的必然要求。

——《中共中央 国务院关于构建和谐劳动关系的意见》（2015 年 3 月 21 日 中发〔2015〕10 号）

课堂导入

小明同学的疑惑

2018 年暑假，为了完成学校布置的暑期社会实践任务，小明同学在家乡的一家房地产公司开始实习，工作岗位是房产销售。随着时间一天天过去，小明在实习中不断成长，学到了很多销售方法和沟通技巧。然而天有不测风云，在工作第 25 天的早上，他在带客户去看房的途中不幸发生交通事故，右手骨折被送往医院救治，后需住院治疗。小明要求公司按工伤给予自己补偿，但公司并没有同意他的要求，理由是他的工作属于实习性质，没有签订

劳动合同，不存在劳动关系，所以不能算工伤。小明听到公司的回复后感到非常愤怒，他想不通他明明是在该公司工作，为什么因为工作受伤不能算工伤？都已经在上班了，为什么与公司不存在劳动关系？

（资料来源：编者根据相关资料编写）

在现代社会中，法律与人们的日常生产生活密切相关。劳动领域相关法律的产生与发展反映了社会的变化、人民的诉求，逐渐形成了劳动法体系。劳动法律是调整劳动关系的法律，也是与人们的工作关系最为密切的法律。大到劳动者与用人单位之间是否存在劳动关系，小到加班工资怎么发放，这些都能在劳动法律中找到答案。可以说，劳动法律是劳动者安心从事劳务活动的保护伞。具体而言，劳动法体系包括劳动基本法、劳动合同制度、就业促进制度、劳动争议处理制度和社会保险制度。

社会保障是由国家依法建立的、具有经济福利性的国民生活保障系统。在中国，社会保障以社会救助、社会保险、社会福利为基础，以基本养老保险、基本医疗保险、最低生活保障制度为重点，以优抚安置制度为特殊组成部分，以慈善事业、商业保险等为补充保障，是保障人民生活、调节收入分配的一项基本制度。

第一节 劳动法体系概述

我国劳动法体系由以下劳动法律制度构成。

一、促进就业法律制度

扫一扫 学一学

在市场经济条件下，通过劳动力市场的自发运行已经证明不可能实现充分就业，劳动力供给与需求在总量与结构上都可能存在失衡。为了保证劳动者的劳动权，提高劳动力资源的利用水平，促进经济增长，国家有责任通过制定经济政策实现充分就业。促进就业制度的主要内容是规范国家在促进就业方面的职责，各级政府促进就业的职责，对社会特定人口群体，如妇女、残疾人员、少数民族人员、退出现役的军人等的专门促进就业措施。

二、劳动合同和集体合同制度

劳动合同和集体合同制度包括劳动合同的订立、履行、变更、解除、终止；集体合同协商、订立的程序、原则，集体合同履行、监督检查等规则。任何国家的劳动立法都不能覆盖劳动关系运行的全部劳动行为和用工行为。为了使劳动关系处于一种稳定和谐的状态，劳动关系当事人的权利义务除国家立法所规定的原则性规范和最低标准以外，必须由当事人平等协商确定，而劳动合同和集体合同制度适应了劳动关系运行的这种需要。建立和谐的劳动关系，必须发挥合同规范在调整劳动关系中的作用。

三、劳动标准制度

劳动标准制度包括工作时间和休息休假制度、工资制度、劳动安全卫生制度及女职工和未成年工特殊保护制度等。《中华人民共和国劳动法》（以下简称《劳动法》）所规定的劳动标准为最低劳动标准，一般属于强行性法律规范，以绝对肯定的形式予以规定，具有必须严格执行的法律约束力，具有单方面的强制性，不能由当事人协议予以变更。劳动关系当事人协议约定的劳动条件标准可以高于国家规定的标准，但是不能低于国家规定的标准，低于国家标准的劳动条件不具有法律约束力。例如，劳动关系当事人约定的工资可以高于国家规定的最低工资标准，但是不能低于该项标准。又如，在正常情况下工作时间可以低于每日 8 小时的标准，但是不能约定超过 8 小时的工作日。当然，依照法定程序延长工作时间的不在此列。即使依照法定程序延长工作时间，在正常情况下，每月也不能超过 36 小时。

四、职业培训制度

职业培训是指对要求就业的或已经就业的劳动者进行的专业技术知识和职业技能的教育与训练，其目的在于开发劳动者的职业技能，提高劳动者的素质，增强劳动者的就业能力和工作能力。职业培训是国家国民教育体系的重要组成部分。职业培训制度规定政府有关部门和用人单位在发展培训事业和开发劳动者职业技能方面的职责、管理权限、职业分类、通用标准和职业技能考核鉴定制度。

五、社会保险制度

社会保险制度在于保障劳动者的物质帮助权，其功能是使劳动者在年老、患病、工伤、失业和生育等情况下，能够获得帮助和补偿。社会保险制度的主要内容包括：社会保险的体制，社会保险的项目、种类，社会保险的适用范围，享受社会保险待遇的资格条件和标准，社会保险待遇的支付原则及社会保险基金的筹集、运营和管理等。

六、劳动争议处理制度

劳动争议处理制度是为了保证劳动实体法的实现而制定的有关劳动争议处理的调解程序、仲裁程序和诉讼程序的规范，包括劳动争议处理机构的组成，调解、仲裁程序应遵循的原则等内容。

七、工会和职工民主管理制度

工会和职工民主管理制度在于保障劳动者的结社权和民主管理参与权。该项制度规定工会的法律地位、职责与任务、工作方式与活动方式，还规定劳动者民主参与管理的形式，职工大会、职工代表大会的职权等内容。

八、劳动法的监督检查制度

劳动法的监督检查制度是为有效贯彻实施《劳动法》，保护劳动者的合法权益，实施劳动监督检查的职权划分和行为规则。它主要是：①对用人单位和其他有关单位遵守《劳动法》的情况实行监督检查、纠偏处罚活动的主体；②监督检查的目的；③监督检查的客体；④监督检查的方式；⑤对违反《劳动法》的行为进行制止；⑥纠正和追究违法行为人法律责任等规定的总称。劳动法的监督检查的内容既包括《劳动法》各项规定的实施状况，也包括劳动法律部门各项劳动法律规范的实施状况。劳动法的监督检查功能有效保障劳动法体系的全面实施。劳动法的监督检查制度与其他各项劳动法律制度的区别主要有以下几个方面：

第一，其他各项劳动法律制度主要规定劳动关系的内容、运行规则、调整原则与方式；而劳动法的监督检查制度主要是规定以何种手段实现和保证各项劳动法律制度的实施。

第二，其他各项劳动法律制度是劳动监督检查实施时确定监督检查客体的行为合法与否的标准，以及对违法情况进行处理的法律依据；而劳动监督检查制度是实施劳动监督检查的职权划分和行为规则。

第三，劳动监督检查制度既独立于其他各项劳动法律制度之外，同时又是其他各项劳动法律制度的组成部分，即各项劳动法律制度的范围与劳动监督检查制度的范围是一致的。正是两者范围的一致性，才能保证各项劳动法律制度得到有效的实施。

关于劳动法体系，劳动法学界还有另外多种分类模式，包括劳动法的所有制结构模式和劳动法的职能结构模式。前者将劳动法体系划分为：①国有企业劳动法律制度；②集体企业劳动法律制度；③股份制企业劳动法律制度；④私营企业和个体经营单位劳动法律制度；⑤外商投资企业劳动法律制度等。随着经济体制的改革和市场经济体制的完善，此种分类模式的缺陷已经充分显露，不利于劳动

法制的统一。劳动法的职能结构模式是以劳动法律规范的职能为分类标准，建立能够反映劳动法职能分工的劳动法体系。

第二节 中国社会保障体系概述

一、社会保障的内涵

社会保障是一个庞大的制度体系，它影响着包括广大劳动者在内的全体国民，为大家的生产、生活保驾护航。从项目结构上看，中国的社会保障由一个庞大的制度体系组成（图9-1）。我国社会保障体系以社会救助、社会保险、社会福利为基础，以基本养老保险、基本医疗保险、最低生活保障制度为重点，以优抚安置制度为特殊组成部分，以慈善事业、商业保险等为补充。

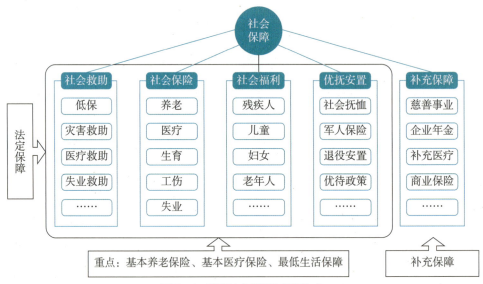

图9-1 我国社会保障体系的构成

社会救助、社会保险和社会福利的功能定位不同，应对着不同类型的社会风险。例如，社会救助主要防范的是包括劳动者在内的全体国民的生存危机，保障水平相对而言比较低。社会保险主要防范的是劳动者遭遇年老、疾病、生育、工伤、失业，甚至失去自理能力时，收入降低或支出增加的风险。一般而言，其保障水平与劳动者在职时的工资水平有一定的联系。社会福利主要防范的是社会排斥的风险，即因缺乏特定的社会服务或设施而无法有效参与社会活动的风险。这类社会保障项目具有较强的普惠特征，往往由公共财政直接提供或购买服务，而与劳动者的收入水平的关联性较弱。例如，即使是收入水平中等偏上的劳动者，在照顾残障或失能的家庭成员时，或者在适逢怀孕、遭遇工伤时，也需要坡道、电梯等无障碍设施，才能更好地参加各类社会活动和劳动。

二、劳动者社会保障是劳动者权益维护的重要内容

与劳动者关系最为密切的社会保障项目当属"五险一金"，是用人单位给予劳动者的若干种保障性待遇的统称，"五险"包括基本养老保险、基本医疗保险、生育保险、工伤保险、失业保险，"一金"是指住房公积金。"五险一金"（表9-1）构成了与劳动者关系最密切的社会保障项目，它们与社会救助、社会福利及其他补充性保障项目共同构成了中国特色的社会保障体系。

表9-1　"五险一金"缴纳比例表

保险项目	缴纳比例	
	单位	个人
养老保险	不超过 16%	8%
医疗保险	8%左右，各地有所浮动	2%左右，各地有所浮动
失业保险	0.5%左右，各地有所浮动	0.5%左右，各地有所浮动
工伤保险	不同行业缴费费率不同，一般为 0.2%~2%	无须缴费
生育保险（已与医疗保险合并）	1%左右，各地有所浮动	无须缴费
住房公积金	5%~12%，用人单位可以在这一范围内自行选择，单位和个人按1:1 等额缴纳	

（一）基本养老保险

基本养老保险是国家和社会依法为解决劳动者在达到国家规定的解除劳动义务的年龄，或因年老丧失劳动能力而退出劳动岗位后的基本生活而建立的一种社会保险制度。我国的基本养老保险制度由城镇职工基本养老保险、城镇居民基本养老保险、新型农村社会养老保险和公务员养老保险构成。

与城镇居民基本养老保险相比，城镇职工基本养老保险的待遇要高得多，城镇职工基本养老保险主要覆盖那些与用人单位建立了劳动关系的劳动者，与广大劳动者的切身利益密切相关。城镇职工基本养老保险实行社会统筹与个人账户相结合的筹资机制，原则上由用人单位和参保职工共同缴纳保险费。其中，单位缴费进入社会统筹账户，作为劳动者退休后基础养老金权益的计算依据；而职工的个人缴费则进入个人账户，作为劳动者未来个人账户权益的计算依据。无雇工的个体工商户、未在用人单位参加基本养老保险的非全日制从业人员及其他灵活就业人员，可以自愿参加城镇职工基本养老保险，但因为只由劳动者个人缴纳基本养老保险费，所以劳动者所承担的费率比那些已与用人单位建立劳动关系的职工要高。

参加城镇职工基本养老保险的劳动者，达到法定退休年龄时累计缴费满 15 年的，按月领取基本养老金。达到法定退休年龄时累计缴费不足 15 年的，可以逐年补缴至满 15 年后，按月领取基本养老金；也可以转入城乡居民社会养老保险，按照国务院规定享受相应的养老保险待遇。

（二）基本医疗保险

基本医疗保险是为了补偿劳动者因疾病风险造成的经济损失而建立的一项社会保险制度。与基本养老保险类似，我国基本医疗保险由城镇职工基本医疗保险、城镇居民基本医疗保险、新型农村合作医疗、城乡医疗求助制度构成。

职工应当参加职工基本医疗保险，由用人单位和职工按照国家规定共同缴纳基本医疗保险费。无雇工的个体工商户、未在用人单位参加职工基本医疗保险的非全日制从业人员及其他灵活就业人员可以参加职工基本医疗保险，由个人按照国家规定缴纳基本医疗保险费。

基本医疗保险的权益主要受"两定点三目录"和"统筹基金支付三条线"的规制。一方面，符合基本医疗保险药品目录、诊疗项目、医疗服务设施标准及急诊、抢救的医疗费用，按照国家规定从基本医疗保险基金中支付。另一方面，参保人员医疗费用中应当由基本医疗保险基金支付的部分，由社会保险经办机构与医疗机构、药品经营单位直接结算。

（三）生育保险

生育保险是指通过国家立法规定，在劳动者因生育子女而导致劳动能力暂时中断时，由国家和社会及时给予物质帮助的一项社会保险制度。生育保险的待遇包括：职工（含男职工未就业配偶）生育医疗费用、产假、生育津贴。其中，生育医疗费用包括职工因怀孕、生育产生的检查费、住院费、医药费和计划生育手术费等。女职工产假期间的生育津贴，按照女职工所在用人单位上年度职工月平均工资计发。生育津贴低于本人工资标准的，差额部分由企业补足。

（四）工伤保险

工伤保险是指劳动者在工作中或在规定的某些情形下，因遭受意外伤害、罹患职业病而暂时或永久丧失劳动能力及死亡时，劳动者或其遗属从国家和社会获得物质帮助的一种社会保险制度。在工伤认定方面，《工伤保险条例》规定了应当认定为工伤的 7 种情形和 3 种视同工伤的情形，并且明文规定了不得认定为工伤的 3 种情形。工伤保险待遇包括医疗待遇、工资待遇、伤残待遇和工亡抚恤补助。与基本医疗保险相比，工伤保险不仅解决了劳动者工伤期间的医疗费用问题，还会提供包括工资、抚恤、康复等方面的权益。

（五）失业保险

失业保险是指国家依法强制实行的，由用人单位、职工个人缴费及国家财政补贴等渠道筹集资金建立失业保险基金，对因失业而暂时中断生活来源的劳动者提供物质帮助，以保障其基本生活，并通过就业培训、职业介绍等手段为其再就业创造条件的制度。失业保险费由用人单位和职工按照国家规定共同缴纳。

（六）住房公积金

住房公积金是指国家机关、国有企业、城镇集体企业、外商投资企业、城镇私营企业、其他城镇企业、事业单位、民办非企业单位、社会团体及其在职职工缴存的长期住房储金。建立住房公积金制度的单位，单位和职工个人都有缴存费用的义务。职工个人缴存部分由单位代扣后，连同单位缴存部分一并存到住房公积金个人账户内，属于职工个人所有，职工个人享有住房公积金存储利息。

住房公积金由职工个人缴存和职工所在单位缴存两部分组成。职工住房公积金月缴存额为职工本人住房公积金缴存基数乘以职工住房公积金缴存比例，并由所在单位每月从其工资中代扣代缴。住房公积金制度一经建立，职工在职期间必须不间断地按规定缴存，除职工离职、退休或发生《住房公积金管理条例》规定的其他情形外，不得中止和中断。住房公积金应当用于职工购买、建造、翻建、大修自住住房，任何单位和个人不得挪作他用。

知识链接

中国荣获"社会保障杰出成就奖"

党的十八大以来，我国建成了世界上规模最大的社会保障体系，覆盖十几亿人口，发挥着维护国家长治久安、人民世代福祉，解除人民生活后顾之忧，促进社会公正与和谐的重大作用。截至 2020 年年末，我国基本养老保险覆盖 99 865 万人，基本医疗保险覆盖 136 131 万人。在此背景下，2016 年

11 月，国际社会保障协会（ISSA）将"社会保障杰出成就奖"授予中国政府，褒奖中国"在社会保障扩面工作方面取得了举世无双的成就"。为什么要把该奖项颁给中国？协会秘书长汉斯·霍斯特·康克乐伍斯基用两个百分比做了形象的解释："如果不算中国，全世界社保覆盖面只有 50%，算上中国就达到 61%。"中国特色社会主义制度具有显著优势，这是我国社会保障快速发展、惠及全民的根本原因。社会保障是保障人民生活、调节社会分配、促进社会公正的一项基本制度。完善覆盖全民的社会保障体系，是坚持和完善中国特色社会主义制度的题中应有之义，是使发展成果更多、更公平惠及全体人民、朝着共同富裕方向稳步前进的必然要求。坚持走中国特色社会主义道路，我国社会保障水平就会随着经济发展逐步提高，社会保障体系建设就会向着逐步完善、惠及全民的方向坚定前进。

第三节　劳动者权益维护

一、劳动合同是维护劳动者权益的关键要件

　　劳动合同又称为劳动契约，是劳动者与用人单位确立劳动关系、明确双方权利义务的协议。有了书面的劳动合同，才能明确劳动者的工作时间、工作地点、工资报酬等内容。同时，用人单位才能依据劳动合同支付劳动报酬，并保证劳动者享有劳动保护及社会保险、福利等权利和待遇。因此，我国劳动法律要求建立劳动关系必须订立书面劳动合同。

二、劳动争议处理是劳动者权益维护的重要方面

　　劳动争议又称为劳动纠纷、劳资争议、劳资纠纷。《劳动法》视野范围内的劳

动争议仅指劳动关系双方当事人之间因劳动权利和劳动义务所发生的争议。在劳动关系的履行过程中，劳动者与用人单位之间发生劳动争议往往难以避免。劳动者在遭遇用人单位的侵权行为时，要了解和掌握我国劳动争议处理制度，选择恰当的方式解决劳动纠纷，才能够最大限度地减少负面影响，更好地实现自身的职业发展。

我国《劳动法》规定的劳动争议处理方式包括协商、调解、仲裁和诉讼4种。用人单位与劳动者发生劳动争议后，双方当事人可以进行协商；不愿协商、协商不成或达成和解协议后不履行的，可以向调解组织申请调解；不愿调解、调解不成或达成调解协议后不履行的，可以向劳动争议仲裁委员会申请仲裁；对仲裁裁决不服的，除法律另有规定的情形外，可以向人民法院提起诉讼。在劳动争议的处理机制中，协商和调解是可以自由选择的程序，但仲裁是前置程序，劳动争议在没有进行仲裁前，是不能直接向法院提起诉讼的。

根据《劳动法》和《中华人民共和国企业劳动争议处理条例》的规定，我国目前处理劳动争议的机构有3种：企业劳动争议调解委员会、地方劳动争议仲裁委员会和地方人民法院。

思考与实践

一、名词解释

劳动合同　劳动关系　五险一金　劳动争议　劳动者权益

二、简答题

维护劳动者权益的法律法规主要有哪些？

三、论述题

中国为什么能够荣获"社会保障杰出成就奖"？

四、实践活动

劳动法律知识竞赛

实践目标

通过组织劳动法律法规知识竞赛，充分调动学生学习劳动法律法规知识的积极性，使学生掌握一般性的法律知识，为在职场遵守法律法规打下坚实基础。

实践操作

1. 查阅、收集各类劳动法律法规知识，尤其是结合专业未来就业领域，重点查阅工作场景下的必备法律常识。

2. 在老师的指导下，汇集大家的收集成果，按照题目难度设置次序、题型，建立劳动法律法规知识题库，以供竞赛使用。

3. 鼓励同学们以自由组合的方式，组成劳动法律法规小队，分阶段开展劳动法律法规知识竞赛，并对最终获胜的小队给予奖励。

实践成果

将法律法规知识收集结果、参加竞赛的收获记录下来，作为实践活动成果留存。

_____

_____

_____

_____

_____

_____

_____

第四单元

成就精彩人生

第十章

青春正精彩　学艺趁年轻

劳动是财富的源泉，也是幸福的源泉。人世间的美好梦想，只有通过诚实劳动才能实现；发展中的各种难题，只有通过诚实劳动才能破解；生命里的一切辉煌，只有通过诚实劳动才能铸就。劳动创造了中华民族，造就了中华民族的辉煌历史，也必将创造出中华民族的光明未来。"一勤天下无难事。"必须牢固树立劳动最光荣、劳动最崇高、劳动最伟大、劳动最美丽的观念，让全体人民进一步焕发劳动热情、释放创造潜能，通过劳动创造更加美好的生活。

——习近平，《实干才能梦想成真》（2013年4月28日），《习近平著作选读》第一卷，人民出版社2023年版，第118页

学习目标

知识目标： 掌握学好专业技能的一般规律性方法。

技能目标： 学好科学文化知识，提升职业技能。

素质目标： 树立良好的职业道德意识。

课堂导入

把最初的梦想握在手上——第45届世界技能大赛数控车项目选手黄晓呈

"我叫黄晓呈，1997年7月31日出生于广东省揭阳市一个农村家庭。"黄晓呈说，作为家里的男孩子，日后的顶梁柱，自己从小被寄予厚望。家里人时常挂在嘴边的一句话就是："要好好读书，将来考上一个好大学。"可是，黄晓呈却未能如家人所愿。因为中考成绩较差，他无法读一所较好的高中，因此黄晓呈决定寻找一条技能成才的路。2013年8月，黄晓呈来到了广东省机械技师学院，理想的种子从此埋在了黄晓呈的心里。每逢单数年上学

期，广东省技师学院都开设技能竞赛班，最开始的选拔方式是考核基础理论、简单的数学题和智力题。经过考核，黄晓呈如愿走进了这个班。

由于年龄合适，黄晓呈可以参加2018年5月的世界技能大赛广东省选拔赛。于是，艰苦的训练开始了。由于赛前几次内部考核都不理想，黄晓呈都是排到第三名，比赛前后他承受了巨大的心理压力，早起晚归，每天睡眠时间甚至不到5个小时。顶住压力，黄晓呈在赛场上超常发挥，出乎意料地以第一名的成绩入围全国选拔赛，但在全国选拔赛中只获得了第二名。2018年9月开始集训后，黄晓呈迅速调整心态，重新以一个"勇者"的姿态返回集训基地。技能与生活、比赛与人生，都是相通的。技能竞技是一个不断挑战、层层闯关的过程。在思考中提升技能，在苦练中淬炼本领，黄晓呈就这样一步一步闯过了省赛、全国选拔赛，并在2019年2月迎来了进军世赛的关键一役。比赛的第一天，黄晓呈经历了片刻的慌乱，便迅速平定心神，求助翻译、捋顺思路，在其他选手皱眉思索时，他已完成了设计图。历经锤炼的黄晓呈站在世赛场上，自信而果断。"训练就如同生活，是一个不断累积的过程""人生就如同一场比赛，开始的优势，并不能保证你是最后的胜者"，黄晓呈通过比赛重塑人生态度，在技能竞技中找到了更好的自己。如今世赛归来，站在新的起点，留校任教的黄晓呈知道成绩只代表过去，新的起点有更多新的挑战在等着他。

（资料来源：孙兴伟.把最初的梦想握在手上——第45届世界技能大赛数控车项目选手黄晓呈[EB/OL].技能中国，2019-06-17.）

习近平总书记指出："中国的未来属于青年，中华民族的未来也属于青年。青年一代的理想信念、精神状态、综合素质，是一个国家发展活力的重要体现，也是一个国家核心竞争力的重要因素。"

扫一扫 学一学

劳动者素质对一个国家、一个民族的发展至关重要。面对日趋激烈的国际竞争，一个国家的发展能否抢占先机、赢得主动，越来越取决于国民的素质，特别是广大劳动者的素质。在当今这个伟大的时代，每个人都有人生出彩、梦想成真的机会。青年人最富活力、最有闯劲、最敢担当，勇立时代潮头，放飞青春梦想，奋力在火热实践中留下青春足印，在实现伟大中国梦的征程上成就出彩人生。

第一节 在最好的时代，做最好的自己

一代人有一代人的际遇，一代人有一代人的奋斗，每一个时代都孕育着各种机遇，我们都要在自己所处的时代坐标上谋划人生、创造历史。人是生产力中最活跃的要素，人才资源是经济社会发展的第一资源，中国制造的转型升级和工业强国战略的实施，不仅需要掌握核心科技的研发人员，更需要一大批精通现代职业技能的高素质人才。党和国家从战略高度为技能人才成长营造积极有利的制度环境。

2003 年，全国第一次人才工作会议明确提出，高技能人才是国家人才队伍的重要组成部分。2010 年《国家中长期人才发展规划纲要（2010—2020 年）》颁布实施，加快高技能人才队伍建设列入国家中长期发展规划。2017 年 4 月，中共中央、国务院印发《新时期产业工人队伍建设改革方案》，从加强和改进思想政治建设、构建技能养成体系、运用互联网促进队伍建设、创新产业工人发展角度、强化队伍建设支撑保障 5 个方面提出了 25 条具有针对性和实效性的改革举措。2018 年 5 月，国务院印发《关于推行终身职业技能培训制度的意见》，做出了构建终身职业技能培训体系、深化职业技能培训体制机制改革、提升职业技能培训基础能力等一系列终身职业技能培训的政策安排。2019 年 5 月，国务院办公厅印发《职业技能提升行动方案》，大力推行终身职业技能培训制度，面向职工、就业重点群体、建档立卡贫困劳动力等城乡各类劳动者，大规模开展职业技能培训，加快建设知识型、技能型、创新型劳动者大军。党的二十大报告强调，加快建设国家战略人才力量，努力培养造就更多青年科技人才、卓越工程师、大国工匠、高技能人才。

青少年是我们国家的未来、民族的希望。每个人都有自己的梦想和追求，青

少年时期正处于人生最为美好、最有激情、最富活力的阶段，也是敢于有梦、勇于追梦、勤于圆梦的关键时期。梦想是伟大的、高远的、充满诗情画意的，但对梦想的追求却需要脚踏实地的行动、坚持不懈的努力、瞄准方向持之以恒的付出，实现梦想的快乐和收获，是与对梦想的坚持和投入成正比的。只有用百折不挠的坚定毅力、不断燃烧的奋斗激情、百倍投入的呕心沥血，才能浇灌出梦想之花。正是奋斗历程的艰苦卓绝，才让梦想实现时的果实更加饱满、丰润；正是对成功的不懈追求，才让梦想的味道更加的醇厚、甜美。青春时光是快乐的，也是短暂的，珍惜时光、追逐梦想是最有意义的度过青春的方式。学好专业是迈向社会征程的第一步，专业技能是帮助我们走好职业道路的最佳助手。在青少年时期，开展在校集中学习，是为了让青少年逐步脱离父母，独立地走向社会、融入社会，并最终能够造福社会。学校培养学生参与劳动实践，就是让青年人通过劳动理解世界，进而培养独立思考、学习、实践的素质和能力，成为社会主义的建设者和接班人。

"劝君莫惜金缕衣，劝君惜取少年时。花开堪折直须折，莫待无花空折枝。"古人云"人过三十不学艺"，具有一定的道理，强调了学习是每个人处于青少年阶段的主要任务，青少年要珍惜时光，把有限的精力投入到学习中。

随着大脑机能不断增强、接触的社会空间不断扩大，以及社会实践活动不断增多，青少年时期的学生对外界充满探索精神，认知能力得到飞快发展，学习新知识、熟练新技能的能力得到提高。

青少年时期，学生的思维能力、记忆力、判断能力有显著增强，从而逻辑思维能力逐步占据主导地位，能够通过分析、抽象、推理、概括、综合、判断来反映事物的内在联系和关系。学生在学习一项技能时，不仅能够快速掌握相关技巧，还能够举一反三、灵活运用，更好、更快地达到对技能的熟练应用。

青少年时期有些学生已经学会逐步用批判的眼光来观察、评论周围的事物，并有其独特见解。这说明学生在这一时期的创新创造能力开始萌发，这是未来获得技能升级、达到创新水平的起点。

正是由于学生的学习和动手能力处在最为敏感的时期，对空间、距离的现实感把握比较好，具有较强的想象力，敢于尝试新鲜事物，创新创造力十足，所以我们才会主张学生要珍惜时光，趁年轻学好本领，为未来的精彩人生打好基础。

第二节 崇尚科学，提升技能

21 世纪是科学的世纪。科学与技术作为最重要的生产力表现形式，从 16 世纪以来就获得日新月异的发展，以加速度的方式推动人类不断进步。科学与技术之间既有区别又有联系。科学是理论化的知识体系，旨在揭示客观事物的本质和运动规律，是人类社会实践之产物，是社会意识形态之一。技术则是指关于制造某项产品、应用某项工艺或提供某项服务的系统知识。两者一方面表现为密不可分，几乎被看作是同一范畴；另一方面二者的任务、目的和实现过程不同，在其相互联系中又相对独立地发展，二者是辩证统一的整体。科学的任务是通过回答"是什么"和"为什么"的问题，揭示自然的本质和内在规律，目的在于认识自然。技术的任务是通过回答"做什么"和"怎么做"的问题，满足社会生产和生活的实际需要，目的在于改造自然。

科学揭示规律、指明方向，但科学不会自发地生成技术，技术必须依靠像莱特兄弟这样懂科学的勤奋者、勇敢者，去探索、去发明、去创造。技术的鲜明指向性、目的性，决定了技术是解决现实问题之道，而这也正是技术的神奇之处。任何时候都不能鄙薄技术，尤其是在强调科学与基础研究重要性的时候，不能走到另一个极端。

一、崇尚科学

崇尚科学就要尊重科学。科学不仅是知识和技能，更是文化和精神，知识就

是财富，技能为劳动插上翅膀。崇尚科学就要坚持勇于探索、捍卫真理、实事求是、求真务实、开拓创新的理性精神，还要敢于向陈旧思想宣战、向权威挑战，坚持不迷信、不轻信、不盲从的科学态度。

二、注重创新

任何一项技术创新、科研成果的问世，绝非短时间内可以仓促完成的，甚至有些人穷其一生，也未必能收获令人满意的成果。注重创新需要锲而不舍、水滴石穿的精神。只有对科学和技术具有深沉的热爱和专注，才能为科研分秒必争，才能坚持内心对科学的纯粹追逐。

三、终身学习

崇尚科学，注重创新，一个重要的要求就是要树立终身学习理念。处于现代社会中的人，学习是不能一次性完成的，需要继续教育、终身教育。终身教育是现代社会的产物。国际 21 世纪教育委员会向联合国教科文组织提交的报告《教育——财富蕴藏其中》认为：终身教育贯穿人们一生的学习，是进入 21 世纪的一把"钥匙"，要把"终身教育放在社会的中心位置上"。为适应社会发展和实现个体发展的需要，终身学习将贯穿人的一生。

学习是人类认识自然和社会、不断完善和发展自我的必由之路。无论一个人、一个团体，还是一个民族、一个社会，只有不断学习，才能获得新知、增长才干、跟上时代。从人类诞生之日起，学习就成为整个人类及其每一个个体的一项基本活动。不学习，一个人就无法认识和改造自然，无法认识和适应社会；不学习，人类就不可能有今天达到的一切进步。学习的作用不仅仅局限于对某些知识和技能的掌握，还能使人聪慧文明、高尚完美、全面发展。正是基于这样的认识，人们始终把学习当作一个永恒的主题，反复强调学习的重要意义，不断探索学习的科学方法。同时，人们也越来越认识到：实践无止境，学习也无止境。当今时代，世界在飞速变化，新情况、新问题层出不穷，知识更新的速度大大加快。人们要适应不断发展变化的客观世界，就必须把学习从单纯的求知变为生活的方式，努力做到活到老、学到老，终身学习。

技能是掌握并能运用专门技术的能力，是通过练习获得的能够完成一定任务的动作系统。技能按其熟练程度可分为初级技能和技巧性技能。初级技能只表示"会做"某件事，而未达到熟练的程度。初级技能如果经过有目的、有组织的反复练习，动作就会趋向自动化，从而达到技巧性技能阶段。技能按其性质和表现特点，可分为书写、骑车等活动的动作技能和演算、写作之类的智力技能。

职业技能是标志着一个从业者的能力因素能否胜任工作的基本条件，包括专业技术能力和专业知识两方面。专业技术能力是指从事职业活动所必需的知识和技能，以及运用已经掌握的知识和技能解决生产实际问题的能力。专业知识是指从事某一专业工作所必须具备的知识，一般具有较为系统的内容体系和知识范围。

高技能人才是指在生产、运输和服务等领域岗位一线，熟练掌握专门知识和技术，具备精湛的操作技能，并在工作实践中能够解决关键技术和工艺的操作性难题的人员。在大力倡导提升企业自主创新能力、建设创新型国家的时代背景之下，更多、更快地培训高技能人才，被视为中国提升国家核心竞争力的战略举措。平凡孕育伟大，伟大出自平凡，崇高而伟大的事业都是由许许多多平凡的工作汇集而成的。为了迎接未来知识经济时代的严峻挑战，每一位学生都要从培养良好的个性品质出发，抓住每一个充分展现的机会，展现自己的独立个性，展现自己的创造能力，展现自己实践中的创新成果。

第三节　学好文武艺，练就金刚钻

"机遇总是垂青那些有准备的人"，一个善于规划自己人生的人，总能把握自

己的命运。学校学习是学生时期与职业生涯的过渡阶段，在现代社会里，理想引导规划，规划决定命运，有什么样的理想，就会有什么样的规划，也就有什么样的人生。随着社会分工的日益精细，社会对专业化的要求也越来越高。越早规划人生，就越早、越容易取得成功。我国正在从制造大国向制造强国转变，对技能人才的需求不断增加。近年来，越来越多的青年人走上了技能成才之路，获得了就业机会和发展空间。许多高技能人才在国家和世界级技能大赛的舞台上崭露头角、施展才华，迎来了人生中的高光时刻，成就了自己的梦想。

一、学好科学文化知识

职业院校的课程设置从大类上可以分为科学文化课和职业技能课，职业技能课与科学文化课是相辅相成的，只有二者结合起来，才能体现最大的价值和作用。文化是基础，技能是手段，文化可以显示人们的文化内涵和底蕴，体现一个人的素质和修养；技能可以显示一个人的技术能力，为人们提供谋生手段。深厚的文化基础是培养扎实专业技能的条件（图10-1）。

图10-1 学好科学文化知识是大学生的重中之重

一方面，通过文化课程学习获取的文化基础素质，为形成专业能力奠定了基础。举个简单的例子，机电专业的学生在学习机械原理这门专业课时，首先要具备一定的物理学基础，如具备力学、运动学的基础，才能进一步学习机械原理。

另一方面，文化素质中包含的语言表达能力、文字理解能力、逻辑思维能力等一些基础能力，是促进学生专业能力形成的基础。例如，语文课程可以培养学生的文字理解能力、语言表达能力、阅读能力等；数学课程、物理课程则能够培养学生的逻辑思维能力。只有具备一定的文化素质基础，才能更加深入地学习专业知识，更快地形成专业能力；只有提升文化素质，才能够进一步提高专业知识和技能。

文化素质中包含了文化知识、语言能力、逻辑能力、空间能力、人际关系能力、自我认识能力等。一个人具有较强的文化素质，有利于其形成满足社会需求的专业技能。例如，语言能力强的人可以利用语言描述事件、表达思想，可以提高沟通的效率；逻辑能力强的人可以对事物的关系进行快速的判断、推理，得到正确的结论；空间能力强的人，在按照图纸制作产品时，能够快速在脑海中生成产品的轮廓，并思考实物线条和色彩的搭配等；人际关系能力强的人，可以在实际的工作中观察他人的情绪、意向，关注他人的想法，与他人很好的合作，完成任务。

二、学好专业技术

职业技能学习的主要方法在于实践训练，在实践实训中提高技能水平。按照学校一般技能实训的安排，主要有 3 种形式：仿真性实训、生产性实训、顶岗实训。

仿真性实训是指不能到真实的工作场所，而模拟实际工作场所的那种环境和设备进行演练。生产性实训是指学校与企业合作建立生产性实训基地，由学校提供场地、设备，企业提供熟练技术工人指导，在真实的生产环境、企业文化和职业体验条件下，按真实的生产要求生产真实的产品。顶岗实训是指在基本完成教学实习和学过大部分基础技术课之后，到专业对口的现场直接参与生产过程，综合运用本专业所学的知识和技能，以完成一定的生产任务，并进一步获得感性

认识，掌握操作技能，学习企业管理，养成正确劳动态度的一种实践性教学形式。实训开始前，应让学生全面了解企业的管理标准及要求，包括考勤、废品率、完成工作量等。实训结束后，根据学生的实际情况，对学生参加实训结果及时进行点评、指导。这种真实的生产环境、真实的生产任务实训模式，在不出校门的情况下就能完全感受企业模式、企业文化，从而对学生毕业进入企业工作打好基础。

对职业学校的学生来说，如果动手能力不强，只掌握专业理论知识就等于纸上谈兵，是不能胜任实践工作岗位的。随着市场经济的发展、竞争的进一步激烈，只有理论知识而无实际动手能力的人将被淘汰。要使自己能在职业活动中为社会做出更大的贡献，就必须掌握一定的技术技能。

掌握技能要学起来。要掌握高超的技术、过硬的本领，必须有谦虚好学、刻苦钻研的精神，必须通过艰苦的劳动，勤学苦练，掌握本专业技能，精益求精，努力向一专多能型方向发展。能否做到这一点，是衡量一个人事业心强弱的重要尺度，也是衡量一个人职业素养高低的重要标志。取长补短，向一切有经验的人学习。由于科学技术发展迅速，新工艺、新技术层出不穷。因此，学习和掌握知识的过程是没有止境的。在刻苦学习的同时，应不断吸收国内外的先进技术和经验，取长补短，不断提高、完善自己。为了做好本职工作，要尊重同行、虚心请教、互相切磋、潜心钻研，使自己成为行业的技术能手。

掌握技能还要动起来。要掌握专业技术技能，一方面应该认真学习专业技术理论知识，做到"应知"。另一方面，必须加强专业技术技能训练，做到"应会"。手脑并用，合二为一。理论联系实际，积极参加实习、实验和社会实践活动，把学到的专业技术理论转化为技能技巧，关键在于理论联系实际，积极参加实习、实验和社会实践，多动手、勤操作，不放过任何一次动手的机会，将技术理论变成自己的生产和工作能力。

知识链接

职业技能大赛的分类

职业技能大赛是依据国家职业技能标准，结合生产和经营工作实际开展的以突出操作技能和解决实际问题能力为重点的、有组织的群众性竞赛活动。各种职业技能行业可在职业技能鉴定的基础上开展职业技能竞赛。职业技能竞赛实行分级分类管理。具体分为国家级、省级和地市级三级，国家级又分为国家级一类竞赛和国家级二类竞赛。市技能大赛分别指由市教育局或市地方组织的本地区范围内的竞赛，由职业类院校学生参加。省技能大赛分别指由省教育局或省地方组织的本地区范围内的竞赛，由职业院校学生中获一等奖的选手参加。

中国有句古话："没有金刚钻，不揽瓷器活。"在当今时代，社会分工越来越细，每一个行业、每一个职业、每一个领域的深耕都离不开专业技能。"金刚钻"好比一技之长，是现代社会个人换取生产生活所需物资的重要能力，也是实现人生价值的重要法宝。一个拥有专业技能的人，一旦有着清晰的技能进阶路径，技能出众，核心竞争力就会越强，成长为独当一面的技能能手就指日可待。

三、涵养职业情操

德技双修是学习践行劳模精神、劳动精神和工匠精神的重要内容，人有了德之魂，才能立世生存、行之久远。只有在具备优秀品德的前提下，练就专业技术本领，才会于己、于人、于国有利。因此，我们在学习技能之初就要自觉向大国工匠、大师劳模看齐，主动学习他们崇高的家国情怀、职业的敬畏情怀、负责的担当情怀、精益的卓越情怀，树立正确的价值观和职业态度，汲取他们身上的精神滋养，将自己磨砺、锻造成合格的社会主义建设者和接班人。

职业道德的基础是爱岗敬业。爱岗敬业指的是忠于职守的事业精神。爱岗就

是热爱自己的工作岗位，热爱本职工作。敬业就是要用一种恭敬严肃的态度对待自己的工作。一份职业、一个工作岗位，都是一个人赖以生存和发展的基础保障。同时，一个工作岗位的存在，往往也是人类社会存在和发展的需要。所以，爱岗敬业不仅是个人生存和发展的需要，也是社会存在和发展的需要。爱岗敬业应是一种普遍的奉献精神。只有爱岗敬业的人，才会在自己的工作岗位上勤勤恳恳、不断地钻研学习、一丝不苟、精益求精，才有可能为社会、为国家做出崇高而伟大的奉献。焦裕禄（图10-2）、孔繁森、郑培民等一大批党和人民的好干部都是在本职工作岗位上呕心沥血，勤政为民。当新冠疫情袭来，一大批平时并不引人注目的医生、护士和科研人员挺身而出，冒着生命危险，冲上第一线，拯救了一个个在死亡线上挣扎的同胞的生命，有人还为此献出了自己宝贵的生命。爱岗敬业是平凡的奉献精神，因为它是每个人都可以做到的，而且也是每个人都应该具备的；爱岗敬业又是伟大的奉献精神，因为伟大出自平凡，没有平凡的爱岗敬业，就没有伟大的奉献。

图 10-2　焦裕禄雕像

职业道德的一个要求是要有团队合作意识。随着技术的进步和发展，社会分工日益细密化，团队精神在技能应用中的重要性日益提升。分工合作至关重要，要做到分工不分家、团结协作，既提高个人单兵作战能力，也提高团队的整体作战能力，超越个体认知和个体力量的局限，发挥"1+1>2"的效果，这也是"三个臭皮匠赛过诸葛亮"的道理。在工作岗位上，班组文化是技能人才队伍中展示团队精神的体现。班组是企业内部组织生产经营活动的基本单位，也是最小单位，是企业最基层的生产管理组织。企业的所有生产活动都在班组中进行，所以班组工作的好坏直接关系着企业经营的成败。只有班组充满了勃勃生机，企业才会有旺盛的活力，才能在激烈的市场竞争中长久地立于不败之地。班组就像人体上的一个个细胞，只有人体的所有细胞都健康，人的身体才有可能健康，才能充满旺盛的活力和生命力。

思考与实践

一、名词解释

职业技能 终身学习 职业道德

二、简答题

为什么"学艺趁年轻"？这对我们学习专业技能有哪些启发？

三、论述题

在大学学习阶段怎样才能学好专业技能？

四、实践活动

职业道德大家谈

实践目标

通过对职业道德的学习、讨论，了解和掌握职业道德的基本知识，进一步明确职场上劳动纪律观念、道德意识的重要性，树立自觉坚守职业道德的意识，进一步坚定弘扬高尚的职业道德、追求职业理想的信念。

实践操作

1.查阅相关资料，了解职业道德的基本知识，熟悉本行业职业道德的基

本要求，并做好读书笔记。

2.邀请本行业领域的专家，举办一场职业道德主题讲座，同学们积极参与听讲，并结合学习内容认真思考。

3.举办职业道德主题讨论会，同学们广泛参与，全面了解职业道德的重要意义、核心价值。

实践成果

结合所学、所见、所听、所感，加深对职业道德内在要求的认识，深入思考如何在职场上自觉遵守和弘扬职业道德，并写下学后感。

_____

_____

_____

_____

_____

_____

_____

_____

_____

_____

第十一章

勤学无捷径　创新有方法

思政小课堂

劳动者素质对一个国家、一个民族发展至关重要。当今世界，综合国力的竞争归根到底是人才的竞争、劳动者素质的竞争。我国工人阶级和广大劳动群众要树立终身学习的理念，养成善于学习、勤于思考的习惯，实现学以养德、学以增智、学以致用。要适应新一轮科技革命和产业变革的需要，密切关注行业、产业前沿知识和技术进展，勤学苦练、深入钻研，不断提高技术技能水平。

——习近平，《在全国劳动模范和先进工作者表彰大会上的讲话》（2020年11月24日），人民出版社单行本，第7—8页

学习目标

知识目标：了解专业技能学习不断进阶的主要方法。

技能目标：掌握专业技能精益求精的实现路径。

素质目标：牢固树立在专业技能实现创新的意识。

课堂导入

"干就干一流，争就争第一"——"大国工匠"许振超的筑梦之旅

作为第一代桥吊司机，许振超见证了青岛港（图11-1）的发展，对集装箱有充分的了解。他说："桥吊的司机室高度距地面有40多米，司机从上往下看，4个吊装孔小得像针孔，十几吨重的吊具落下来，4个爪必须准确地插入吊装孔中，稍有疏忽，就会发生碰撞，既影响货物安全，又损伤机械。我当了队长后，就开始琢磨怎么带领职工来改变司机操作的现状。"随后的半年里，许振超每天都把矿泉水瓶放到地上练习，终于做到了无声响操作。

图 11-1　青岛港

不仅是无声响操作，他还练就了"一钩准""一钩净"等绝活儿，创造出的"振超工作法"，成为青岛港人尽皆知的"许大拿"。之所以能把工作做到极致，许振超说："干就干一流，争就争第一，咱当不了科学家，但可以做个能工巧匠，练一身绝活，同样无愧于时代。"许振超带领的桥吊队有一个"人人练技术、人人有绝活"的规矩，也成为青岛港最早的一支绝活儿团队。2003年4月27日，在"地中海法米娅"轮的装卸作业中，振超团队创出了每小时单机效率70.3自然箱和单船效率339自然箱的世界集装箱装卸纪录。此后5年中，他们又先后7次刷新集装箱装卸世界纪录，使"振超效率"成为港航界的一块"金字招牌"，也成为中国港口领先世界的生动例证。

[资料来源：肖家鑫.许振超：干就干一流　争就争第一（奋斗百年路　启航新征程·数风流人物）[N/OL].人民日报，2021-06-10.]

　　天下难事，必作于易；天下大事，必作于细。中国人向来崇尚"一技傍身"。技能不仅是一种谋生手段，还是一种事业追求，一种持续钻研、精益求精的工作荣耀。技能的习得需要锐意创新、不断进取。在高标准下，不仅要做好，更要全神贯注地做到更好，不出现任何一个错误。这不仅是工匠精神的重要内涵，也是青年人的技能进阶秘籍。

扫一扫 学一学

第一节　勤于练习、打牢基础

　　万丈高楼平地起，打牢基础是根本。在任何学习中，我们都会先从基础知识开始学习，只有基础牢固，才能了解更多深层次的东西。对学习职业技能而言，只有掌握所学技能的基本理论知识，才能更好地在实践中体现劳动者价值，才能有能力担当起主人翁的责任。"干中学，学中干"是学习专业技能的有效方法，即工作学习化、学习工作化，打破学习与工作的严格界限，将二者融为一体，从而利用一切机会最大限度地扩大学习成果，并在第一时间将学习成果应用到工作实践中去。打好基础、刻意练习、注重方法贯穿"干中学，学中干"，是实现知行合一的有效路径。

一、打牢基础

　　打牢基础，不仅是学习技能本身的需要，还是磨炼人的意志、练就吃苦耐劳精神的必经之路。青年学子一定要珍惜当前党和国家对技能人才的重视和关怀，努力争做学习型技能人才，扎扎实实从个人做起，认真学习每一个知识点，掌握技能的每一个要点，为成为一名高素质技能人才奠定坚实基础。以钳工为例，它是很多技能的基本功，是用手工工具并经常在台虎钳上进行手工操作的一个工种，是机械行业必备的工种之一。19世纪以后，各种机床的发展和普及，虽然逐步使大部分钳工作业实现了机械化和自动化（图11-2），但在机械制造过程中，钳工仍是广泛应用的基本技术。在零件的加工、装配、维修中，需要用到的各种工具、夹具、量具、模具及专用设备，也都是由钳工来进行制造和修理的。钳工在机器的制造和使用中，占有非常重要的地位。

图 11-2　工人正在调试机械臂

　　一部机器的制造，从原材料到成品之间要经过一系列的加工过程。在这个过程中，钳工工作有着极其重要的作用。以自行车为例，在制作之前，钳工首先要负责其毛坯零件的清理、画线工作，以及部分零件的加工工作，接下来是零件的装配，最后的调整、试车工作也都是由钳工完成的。

　　张德勇是一名钳工高级技师，他从 1991 年进厂以来，一直在一线从事设备大修、新造，工装夹具制作，工程项目制作、安装和调试、开发新产品等钳工工作。他先后被授予"全国技术能手""中国优秀青年技师"称号。1997 年，中国在摩托车连杆大孔精镗加工方面还存在技术空白。当时，张德勇作为牵头人成立了攻关小组，仅用了短短 3 个月的时间，便完成第一台摩托车连杆大孔精镗专用机的制造。其设计制造费仅 30 余万元，而同类机型从日本进口一台约需230 万元。"经验越多，解决问题的办法就越多"，张德勇总是乐观面对工作中的挑战。而每一次的成功探索，都让他拥有了向更多困难挑战的资本与自信。在没有任何图纸资料的情况下，完成对进口设备的大修，可以算是张德勇的"得意之作"。当时，他面对的是一台从国外引进的发动机箱体自动化加工设备。设备已经连续使用了 10 多年，加工出来的产品已无法保证精度。作为主修人员，他凭着自己多年的工作经验和对设备的认识，对上千个零件进行分析判断，对加工好的零件进行装配调试，仅用了半个多月的时间，便圆满完成了该设备的大修任务。与请国外专家来华大修相比，节约了 112 万元的费用。如果没有扎实的基本功、长期的反复练习，想要取得这样的成绩是不可能的。

二、刻意练习

人的大脑是一个记忆的宝库，人脑经历过的事物、思考过的问题、体验过的情感和情绪、练习过的动作，都可以成为人们记忆的内容。根据艾宾浩斯记忆曲线，我们的记忆在学习后的 20 分钟就会忘掉 58.2%，一天后会忘掉 33.7%。人的记忆方式是对大脑的保护，防止一些无用的信息挤占我们的大脑，所以对那些没有经常反复出现的信息迅速地遗忘，为的是给有用的信息留出"位置"。因此，必须不断地重复练习才能掌握所学习的知识。英国神经科学家丹尼尔·列维京认为，人类脑部确实需要如此长的时间，才能理解和吸收一种知识或技能，进而达到大师级水平。有一种"一万小时定律"的说法，即要成为某个领域的专家，需要 10 000 个小时，按比例计算就是：如果每天工作 8 个小时，一周工作 5 天，那么成为一个领域的专家至少需要 5 年。

其实，"一万小时定律"与我们经常听到的"十年磨一剑""台上一分钟，台下十年功"类似。我们要想成为一个领域的专家，可以"一万小时定律"为依据，以 5 年、10 年为人生刻度，规划自己的职业生涯。

知识链接

如何正确理解"一万小时定律"

"一万小时定律"是作家格拉德威尔在《异类：不一样的成功启示录》一书中指出的定律。"人们眼中的天才之所以卓越非凡，并非天资超人一等，而是付出了持续不断的努力。1 万小时的锤炼是任何人从平凡变成世界级大师的必要条件。"他将此称为"一万小时定律"。很多文章喜欢用"一万小时定律"来单纯强调"练习"的重要性，但实际上这是一种片面的误读。正确理解

和实施"一万小时定律"，要注意以下几个方面：

（1）"一万小时定律"并非成功的充分条件，而只是必要条件。如果把定律反过来说：只要练习1万个小时，就一定能成为专家，就有失偏颇了。

（2）要进行有效的练习。有过乐器学习经历的人都明白一个道理，1万次错误的、无效的练习，不仅没有效果，甚至还会起反作用。

（3）练习要有目的性。看美剧可以促进英语学习。但是，很多人都是以学英语为借口去追美剧，导致美剧没少看，英语依然原地踏步。这并不是说追美剧的行为是错误的，而是说如果你想通过看美剧提高英语水平，就要带着目的性去边看边学、边学边练。

（4）要找到练习的兴趣点。练习1万小时，说起来容易，做起来太难，可以说是很痛苦的一件事，如果没有兴趣或乐趣，纯靠毅力是无法支撑下去的。

（5）要带着环境练习。人类的任何行为都极易受到"环境"的影响，找到志同道合的朋友共同练习，比单枪匹马地练习，更容易坚持。

三、注意反馈

大量的研究结果表明，单纯地投入大量时间进行练习，与实际取得的学习效果之间没有必然的联系。也就是说，单纯地反复练习是无效学习。学习技能本领时，除了大量练习之外，还需要有目标导向的反馈意见。那些在学习上付出了大量时间却没有提升的人，犯的一个错误就是，他们没有清晰地认识到自己需要提升哪些能力，以致在学习上浪费了大量的时间。很多时候，专业技能的提高从有效反馈开始。一方面，我们可以自我监测，获得反馈；另一方面，就是获得外部的反馈评价，通过旁观者对我们进行有针对性的纠错，及时提升练习效果。提供有效的反馈是一项技能。有效的反馈可以使学习者接收到信息，并相应地调整自己的行为；有效的反馈能让个人在生活和工作的各个方面都变得更好。

知识链接

孔子治学"三境界"

第一境界，"学而时习之，不亦说乎"，即能够感受辛勤学习、温故知新之乐。学习本来并不是一件人人会天生感到愉快的事。吴庆坻在《蕉廊脞录》讲过一件事。海宁人梁履祥平生笃信朱子之学，案头放着朱熹的文集，每日"正襟循览"。学生问他："你这样苦学，何时才能到达'悦'的阶段呢？"他回答说："即学即悦。"等于说，一拿起书来就会感到快乐。他又说："君之不悦，正坐不学。"意思就是不经历学习的过程，不但无法体会学习的快乐，而且会产生自己不快乐的根源。孔子在《论语·雍也》中说："知之者不如好之者，好之者不如乐之者。"这本来是教人潜心学习的意思，反过来，也可以用这句话来解释学习之乐。这种境界，比"独上高楼，望尽天涯路"更深入。

第二境界，"有朋自远方来，不亦乐乎"，即能够感受朋友之间切磋批评之乐。《论语·季氏》中子曰："益者三友，损者三友。友直，友谅，友多闻，益矣。友便辟，友善柔，友便佞，损矣。"孔子的号召力、吸引力、凝聚力从何而来？不仅来自他"学而不厌，诲人不倦"的热情，更多的来自他尊重批评，以及他"过而能改"的人格魅力。"朋"之难得，究其原因，从主观方面说，就是对批评所持的态度。所以，是否真心欢迎批评，尤其是在有了一定成就之后能否继续真心欢迎批评，就成为治学的第二境界。进入这种境界，比"衣带渐宽终不悔，为伊消得人憔悴"更深厚。这一步跨出去，人的胸襟、气度、眼界、视野就会发生质的飞跃；这一步跨不出去，治学很难有什么大成就。

第三境界，"人不知而不愠，不亦君子乎"，即能够感受只问耕耘不问收获之乐。如何对待"人不知"，实质上是一个如何对待名誉、地位、利益、实

惠的问题。真正有学问的人，决不会一天到晚揣摩如何出名牟利，如何升官发财，走什么路子，讨谁人欢心，也决不会看不见"粉丝"追捧自己就大叫寂寞难受。《论语·学而》中子曰："不患人之不己知，患不知人也。"《论语·宪问》中子曰："不患人之不己知，患其不能也。"《论语·里仁》中子曰："不患无位，患所以立；不患莫己知，求为可知也。"可见，孔子认为"人不知而不愠"，是治学的最高境界。

第二节　把握规律、追求卓越

古人用"奴、徒、工、匠、师、家、圣"七个阶段来演绎人生道路，对于职业技能人才的成长路径来说，这七个层次也不例外。"奴"是非自愿工作，需要别人监督鞭策；"徒"是能力不足但自愿学习；"工"是能够按规矩做事；"匠"是精于一门技术；"师"是掌握规律，并传授给别人；"家"是有一个信念体系，让别人生活得更美好；"圣"是精通事理，通达万物，为人立命。这七个阶段不仅对个人技能的进展做了区分，而且对思考技能的境界也有所启发。

一、巧由熟来

任何一项职业技能都需要从熟练中生成技能之"巧"，就像是高手过招才能做到点到为止，是"行家一出手便知有没有"的状态，是多年潜心修炼的成果，也是职业技能人才成长过程中必须追求的境界。北宋著名文学家欧阳修有一则寓言故事《卖油翁》，故事中的卖油翁有一手看似简单、实际上难以做到的倒油入壶的绝活，正是将最简单的技能做到了极致，通过高度的专注、充分的训练，实现了从高度熟练进化到巧妙的状态（自钱孔入，而钱不湿）。因为这个绝活，这个普普通通的老翁被欧阳修记载进了历史，千古流传，一直被用来教化后人。每一项过人的技能都离不开主观上强烈的愿望、长时间的针对性训练，以及正确的训导方式。希望各位学生珍惜在校时间，珍惜老师对大家技能正确、规范、有针对性地指导和帮助，早日为自己的技能打下坚实的基础，早日成就精彩技能人生。

任何"绝活儿"都不是一朝一夕就能练就的，都需要经过时间的洗礼和磨炼。在这漫长的准备和练习阶段，技能人才需要训练自己稳定心神、耐住寂寞；为了不被一次次的挫折所击败，需要提升自己的毅力和决心；为了能够更好地理解和掌握工作技巧，需要培养自己对工作的热爱之情。因此，对于那些具有高超技艺的工匠而言，他们在经过锻炼后形成的强大内心世界是支撑其一步步走向成功的关键因素。

任何人的成功都不是一蹴而就的，都需要经过时间的积累和沉淀。在这个过程中不仅要提升自身的技艺水平，更要形成一种甘于寂寞、厚积薄发的心态。虽然成功前的时光可能是枯燥的、艰辛的，但是这段时间却是必须经历的。只有在经历过这样的阶段后，才能为自身技艺打下坚实基础，才能培养自身形成良好的心态，这二者是实现"凤凰涅槃"必不可少的要素。

二、巧以窥妙

在职业技能学习上对"巧"的追求，既是一种能力，也是一种境界，就是在学好专业技能的基础上实现高度精准，达到巧妙的境界，并对技能的发展趋势有清晰的判断，做到知其然更知其所以然，个体与技能达到相互促进的境界。画在墙上的金龙，点上眼睛就腾空飞走，自然只是一个传奇故事，后来人们用"画龙点睛"这个成语比喻说话或做事关键部位处理得好，使整体效果更加传神。这与技能学习的"巧以窥妙"有着异曲同工之处，那就是当技能到了一定境界时，技能大师往往能够掌握关键诀窍，把握准确火候，达到精妙效果。

崇工尚巧的重点在于巧妙自如地运用技能，在技能熟练的基础上，对技能有更加深入的理解，视野更加开阔，具备一定程度的理论功底、专业性思考能力、

更强的解决问题能力。在《诗经》中有这样一句话，"如切如磋，如琢如磨"，说的是古代工匠在制作工艺品的过程中精益求精的态度和追求。传统的制造行业中，工艺品的制造完全依靠工匠个人的手艺及其对自己的严格要求，在制作过程中保证每个产品的完美，就是对工匠精神的诠释。从古至今，工匠精神一脉传承。现代工匠精神不仅指从业人员在工作过程中精益求精、追求完美的态度，还指每个人在工作过程中的专业精神。科技创新、技术报国，并不只是科学家的事情。一线产业工人如果能立足岗位，做到精益求精、淬炼绝活，也能成长为技能大师。

三、巧巧相通

职业技能达到"巧"的阶段以后，技能人才对岗位有了更强的适应性与延展性，对整个产品、整个企业的生产过程都非常了解，对自身的行业发展也有独特的观察和见解，他们的影响力超越了岗位的限制，成为所在单位，甚至所在行业知名的能工巧匠。

医院有一把刀，是病人最信任的大夫；零售业有一抓准、一口清，成为一道难得的风景；服务业有第一剪、第一刀，得到顾客的高度评价；工厂有第一焊、第一车……他们都是达到了技能智慧境界的技能人才。他们是技能人才中的佼佼者，是深受大家信任的能工巧匠，是单位里不可或缺的重要技术骨干，是同行仰仗和尊敬的技术高手，是企业产品质量上线的决定者，在一定程度上，他们就是企业的核心竞争力。

通过勤学苦练提升自身的操作技能，通过修身养性培养自身的良好心态，是技能人才成长的必由之路。除此之外，技能人才在具体的工作岗位和工作环境中，还要详细掌握所学职业的独特性和一般规律。规律是客观事物发展过程中所具有的本质联系，是客观的、普遍的。人们不仅可以认识规律、发现规律，还可以利用规律，通过运用客观规律来改造世界。这种生产规律是隐藏于外在现象之下的，需要我们自身去挖掘。一旦掌握这一规律，就可以充分地利用它，在同类型的生产活动中就能做到触类旁通。

规律总是隐藏于表象及现象之后，技能智慧并不会自动地展现在我们面前，除了少数基本的门道可由师傅直接传授之外，其余的技能智慧都需要自身不断地进行探索。这种探索门道的方式主要有两种——实践练习和理论学习。学校学生大多数从事的都是实操性的生产活动，而实践又是认识的来源，因此可以通过开展多次实践，对其中的共性进行总结和归纳，逐渐掌握生产的门道。理论学习是指通过学习，在掌握前期已有成果的基础上持续、深入地研究和挖掘，从而发现和琢磨出新的生产门道。在崇工尚巧这个境界中，触类旁通的意义还在于掌握事物的普遍规律，能够举一反三、灵活应用。把对产品、技能的规律性的把握，应用在事务管理上，同样能够取得成绩、做出贡献。很多职业技能技巧几近巅峰的高手，通过勤学善思成为一专多能的技术专家，通过技能发展成为技能、管理全面人才。他们的故事充满了积极向上的力量，每一个人在向技能境界迈进的过程中展现出的对岗位和技能的高度热爱、坚忍不拔的毅力、勤学善思的优良品质都值得所有人学习。

四、道技合一

中国古代对道与技的思考，最早出现在战国时代的思想巨作《庄子》中，书中记载了"庖丁解牛"的故事：魏国一名叫作丁的厨师，他在宰牛时不用看，闭着眼睛就可以完成整头牛的剖解。当时的人对他的技术大为惊讶，他说他早已超越了对技术的追求，自己爱好和追求的其实是"道"。

技能运用的最高境界真实全面地反映了工匠精神对精益求精的极致追求。工匠精神是指不仅要具有高超的技艺和精湛的技能，还要有严谨、细致、专注、负责的工作态度和精雕细琢、精益求精的理念。技能水准进入"道"的境界，自然能够做到游刃有余，庖丁解牛的故事生动形象地描述了这种精妙状态。庖丁提出的"技经肯綮"，探究了道与技的关系，通过多年的实践，他不仅完全掌握了"解

牛之道"，也对这个世界看得通透，这是手艺人追求的技术的最高境界。

时光飞逝数千年，在今天的神州大地上也有一些到达"道"的境界的绝顶高手，他们将技能视作人生最重要的追求，将自己的工作视为人生价值最重要的体现，将自己的产品视作有生命的作品，用毕生的精力与心血来追求技能的发展，他们用实际行动诠释了人技合一、道技合一。

练技修心、道技合一是大国工匠追求技能技艺进入新境界的重要内容，体现出工匠对待自身工作的积极态度和崇高的职业追求。超越技术的层面，通过对技能的理解，形成对世界、人生新的观点和看法，这就是"以技悟道"的境界。随着人生阅历的增加，他们回归技能最深刻、最本真的状态，来不断完善技能，对于技能、人生和岗位的理解与思索也就更深远、更精微、更宏大。他们是站在技能山峰中最高处的人，对于技能和人生有着自己独特的思考，他们将自己对技能的追求视作人生的重要组成部分。

以道驭技的境界追求，还体现在工匠职业的使命追求上。技艺当然不只是工匠吃饭的工具，更是他们心里坚持的一道光，对职业的认同感、责任感、荣誉感和使命感，是工匠精神的深厚来源。"问渠那得清如许？为有源头活水来。"树立起对职业敬畏、对工作执着、对产品负责的态度，将一丝不苟、精益求精的工匠态度融入每一个环节，做出打动人心的大师级作品，为世人留下精致、完美的产品和服务，既实现了自我，也奉献了国家和社会。

有志于职业之道的追求，才能使得进入这一层级的技能人才具备其他层级都不具备的技能水平、职业视野、价值导向，成为专业技能领域的大师、大国工匠。他们用职业追求和精神境界滋养了大批产业工人队伍和广大人民群众，用精湛的技能水平提高了行业整体生产和效率。他们对整个行业的发展，乃至工艺与科技的进步、国家综合实力的提升都做出了巨大的贡献，他们是真正的大国工匠，更是所有技能人才共同的老师。

有追求的技能人才，应该把"执着专注、精益求精、一丝不苟、追求卓越"

的工匠精神融入技能学习和工作实践，端正职业态度，保持对技能追求的火热激情，以积极的心态去面对工作中遇到的挑战，主动解决工作中遇到的问题。只要勤于学习、善于实践，在工作上兢兢业业、精益求精，就一定能够造就闪光的人生。

第三节　积极探索、勇于创新

创新者胜，创造者强。创新是引领发展的第一动力，是建设现代化经济体系的战略支撑。在纷繁复杂的社会中，影响实现创新的因素很多，创新从来不是一蹴而就的。如果我们能从"怎么看""怎么想""怎么办"三个方面来思考，就有可能找到从创新走向成功的路线图，进而通过实践实现创新成功。

一、创新"怎么看"

"功以才成，业由才广。"世上一切事物中，人是最宝贵的，一切创新成果都是人做出来的。硬实力、软实力，归根到底要靠人才实力。对于一个国家而言，谁拥有一流的工匠、一流的创新人才，谁就拥有国家创新发展的优势和主导权。创新是引领发展的第一动力，是建设现代化经济体系的战略支撑。国家的科技创新需要大国工匠将各项成果付诸实践，转变成现实的生产力；国家的创新创造要落到实处，也必须依赖成千上万大国工匠的支撑和作为。

创新是"有中见无，无中生有，有更求优，优中求变，变求更新，有破有立，不断进取"的过程，也是人类维持生存和不断发展的过程。创新可以分为维持性创新和破坏性创新。维持性创新是对现有的产品或商品的改进、完善或升级换代。例如，对燃油小汽车在节油、外形、内饰或某些功能、技术指标方面进行改进，从而产生新的车型。破坏性创新不是指对现有产品的改进或升级换代，而是引入与现有产品作用、功能相似，或者某些方面可能还不如现有产品，但是具有

否定性、颠覆性的创意产品，使新的创意产品更简单、更环保、更便捷、更廉价。

二、创新"怎么想"

创新的主体是"人类"。人类是有思维的，思维就是"怎么想"。人类的思维方式主要有三种，即逻辑思维、非逻辑思维、创新思维。逻辑思维是建立在理由充足基础上的思维活动，也就是说，思维活动建立在充足的基础上，就是正确的，是合乎逻辑的。非逻辑思维是建立在理由不充足或很不充足的基础上的思维活动。非逻辑思维不符合充足理由的原则，不符合逻辑思维的思维活动，如直觉、顿悟等。创新思维是一种产生新思想的思维活动，是以非逻辑思维为主，加之与逻辑思维有机结合的新思维方式。创新思维的主要表现为：产生新思想主要依赖于非逻辑思维，而新思想产生之前的酝酿过程及新思想产生之后的论证过程都离不开逻辑思维的作用。

三、创新"怎么办"

创新中的"怎么办"，就是指创新活动的方法论和方法。创新是立足现实、设定目标、挑战未知、探寻道路、创造未来的活动。创新的目标、环境、资源、计划、方法、创新者的自身能力，决定了创新者通过何种路径、如何达到期望的目的地。创新不是简单地孤立处理就能成功的，它是一个系统工程，既要加强宏观思考、高瞻远瞩、整体谋划，又要大胆创意、大胆试验、大胆突破，不断把创新引向深入。

知识链接

创新怎么干——"6W2H法"

我国著名教育家陶行知先生提出了"6W2H法"，他把这种思考方法叫作教人聪明的"八大贤人"。为此，他专门写了一首小诗，即"我有几位好朋友，

曾把万事指导我。你若想问真姓名，名字不同都姓'何'：何事、何故、何人、何如、何时、何地、何量。还有一个西洋名，姓名颠倒叫几何。若向八贤常请教，虽是笨人不会错。"以"6W2H法"思考创新的具体内容如下。

　　何故（Why）——为什么需要创新？

　　何事（What）——什么是创新对象，即创新的内容和达成的目标是什么？

　　何地（Where）——从什么地方着手？需要关注哪些方面？

　　何人（Who）——什么人来承担任务？与哪些人有关？

　　何时（When）——什么时候完成？用多长时间？

　　几何（Which）——什么样子？怎么评价？

　　何如（How）——怎样实施，即用什么样的方式、方法进行？

　　何量（How much）——达到怎样的水平？需要多少成本？花多少资源、多少钱？

　　"6W2H法"能够帮助我们实现创新条理化，围绕目标，理清步骤，有助于在创新乃至生活中杜绝盲目性、随意性和资源浪费。

　　大国工匠默默坚守、孜孜以求，在平凡岗位上，追求职业技能的完美和极致，最终脱颖而出，跻身"国宝级"技工行列，成为一个领域不可或缺的大师级人才。我们要向他们学习，不仅要在平凡的岗位上创造不平凡的业绩，还要通过职业技能做出创新。通过学习他们的生动事迹，我们可以知道，只有热爱本职工作、脚踏实地、勤勤恳恳、兢兢业业、尽职尽责、精益求精的人，才能成就一番事业，才有望拓展人生价值。

　　新时代的技能人才生逢最好的时代，不仅要勤于学习，学文化、学科学、学技能、学各方面知识，不断提高综合素质，练就过硬本领，更要坚持对精湛技艺的不懈追求，追求"技近乎道""道技合一""以道驭技"的境界，在技能学习的道路上不断攀登高峰。

思考与实践

一、名词解释

刻意练习　熟能生巧　巧巧相通　创新思维

二、简答题

如何理解"一万小时定律"？对学习专业技能有什么启示？

三、论述题

创新的方法有哪些？结合本专业学习，谈谈对创新的认识。

四、实践活动

创新创业设计大赛

实践目标

通过参与举办创新创业设计大赛，以赛促学、以赛促教、以赛促创，搭建开展创新创业活动的平台，营造良好的创新创业文化氛围，激发学生的创业热情与活力，提升创新精神、创业意识和创新创业能力。

实践操作

1.充分了解行业现状、技术现状、市场现状，以兴趣小组为单位，成立创业团队，认真设计创业项目。

2.邀请校内外创业指导老师参加，举办创业设计路演大会。

3.指导老师根据项目的可行性、商业模式、团队构成、市场资源、目标客户、营销推广、资金来源等，对参评项目予以点评、指导、打分。

实践成果

　　各创业团队根据老师的指导意见，进一步完善创业计划，并作为实践活动成果留存。

第十二章

劳动关天下　奋斗赢未来

思政小课堂

素质是立身之基，技能是立业之本。广大劳动群众要勤于学习，学文化、学科学、学技能、学各方面知识，不断提高综合素质，练就过硬本领。要立足岗位学，向师傅学，向同事学，向书本学，向实践学。三百六十行，行行出状元。任何一名劳动者，无论从事的劳动技术含量如何，只要勤于学习、善于实践，在工作上兢兢业业、精益求精，就一定能够造就闪光的人生。

——习近平，《我国亿万劳动群众是全面建成小康社会的主体力量》（2016 年 4 月 26 日），《论坚持人民当家作主》，中央文献出版社 2021 年版，第 158—159 页

学习目标

知识目标：了解当前高技能人才的市场需求和国家政策。

技能目标：掌握新的劳动形态所需的技能，具备未来职场的驾驭能力。

素质目标：强化劳动情怀、技能追求的爱国主义教育。

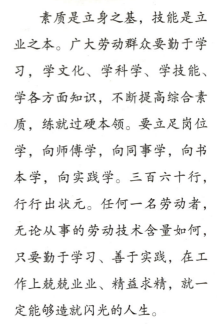

课堂导入

企业求"技"若渴

　　据《人才就业社保信息报》消息，2019 年某技师学院举行的应届毕业生校园招聘会吸引了来自全省近百家企业放大招"抢"人。

　　在这场招聘会上，某科技公司和其他许多公司一样，针对高技能人才，打出了"高价牌"。"招收数控操作人才可谓不惜成本，合适的持证毕业生可直接拿到 7 000 元月薪，实习期间的补贴也在 2 000 元至 2 500 元。"该公司人力资源部主管何某介绍，一些新设立的专业和行业紧缺人才异常抢手，如

不少企业明确表示只要是数控机床操作专业的毕业生，都可以招收。

该技师学院的一位负责人表示，随着产业结构调整和升级，企业也在寻求创新发展路径。制造业提高自动化水平，机器替代人工成为趋势，大型企业的生产车间几乎达到了90%的自动化普及程度。因此，技工院校懂得"管机器"的学生也就成为各单位争抢的"香饽饽"。

高技能人才紧缺，这在一些新兴产业中表现得很明显。针对3D技术、智能化高端装备制造、机械工程设计工程师，一些企业都开出30万元左右的年薪。因为企业需要根据不同客户的需求，个性化定制工业机器人，这与标准自动化设备完全不同，对技术人才的专业水平、创新能力要求特别高，所以高薪招人自然就是一种必然选择。

（资料来源：暨喆. 高技能人才短缺究竟为何 [N/OL]. 人才就业社保信息报，2019-10-22.）

近几年，在我国的就业市场上，大学生就业难和技能人才招工难频频上演，而各类技能型人才，尤其是高水平技能人才岗位却因为招不到人而苦恼。我国距离制造强国，还有很长的一段路要走。为了实现从制造大国向制造强国转变，从中国制造向中国创造、中国智造转变，需要培养和造就更多的高技能人才。

扫一扫 学一学

第一节　学好新技能，端稳"金饭碗"

职业技能是劳动者安身立命的根本，技能水平决定了劳动者的职业状态与发展前景。认真学习和磨炼技能是每一个优秀劳动者持之以恒的追求。中国有句老话叫"千金在手，不如一技傍身"，高度肯定了技能的价值。千金之财看似是一笔巨大的财富，但千金终有散尽之时；而技能的价值在于一旦掌握就不会消亡，还会随着个人的努力，不断得到提升。在合适的工作岗位上，技能可以迅速转换成经济价值、社会价值，古人讲的"授人以鱼，不如授人以渔"就是这个道理。

一、职业技能人才需求旺盛

许多高端制造业、高水平制造企业，他们对于技能人才、高技能人才可以说是"望眼欲穿"。高级的机器有资金就可以买到，但是高水平的技能人才却因为高度稀缺，即使开出优厚薪水，也不见得能够找到。当前，我国技能人才存在总体数量不足、结构不合理、供需矛盾突出、认识存在误区等方面的问题，技能人才的素质和规模难以满足经济社会发展需要，尤其是高技能人才严重短缺。尽管各地都加大了对技能人才、高技能人才的培养、选拔力度，但因为技能人才原有基础较为薄弱，高水平技能人才成长的时间较长，加之新产业发展速度较快，所以技能人才，特别是高技能人才的稀缺依然是劳动力市场在未来很长一段时间难以解决的难题。技能人才的缺失使职业院校的毕业生在就业市场上广受欢迎。他们是技能人才的"预备役"，也是高技能人才的"后备军"，其专业能力过硬、动手能力强，能够迅速适应岗位需求，运用自己的一技之长创造价值。

在当代社会，随着社会分工的不断细化和优化，技能比任何时代都更加稀缺，更加有力量、有价值。职业技能是实现个人价值、为社会做贡献最重要的武器。只有依靠自己过硬的技能，才能在社会上找到足以发挥自身技能特长的岗位，进而实现自身的个人价值、社会价值。不同的技能水平可以发挥不同的价值，从而在不同的范围和领域产生影响。一个普通的年轻人可以通过掌握一门实用的技能自食其力，为其人生提供最基本也最坚实的立足点。

二、职业技能人才优势明显

与其他序列的学习不同，职业技能人才的培养有着独特的优势。职业技能人才在培养过程中更强调实践操作能力的训练，具有很强的岗位针对性，拿到技能证书，就能够获得岗位准入资格，能够满足用人单位"即插即用"的需求，因而更受青睐。职业技能人才所学的技能在社会上具有普遍适用性，从东南沿海到西北边陲，在祖国的大江南北，都离不开技能人才发挥的作用，他们是各行各业技术工人中的主体，是企业发展的重要基础。因此，学好技能更容易得到工作岗位，也更能在社会上获得立身之本。

知识链接

高级技能人才的"马甲"

工厂制度出现后，高级技能人才的概念才开始趋向专业化和职业化，最初仍把这些人定义为农业社会的"师傅"。

在大工业出现之后，师傅不只是带徒弟，还要负责管理工作，如中国清末民初有"技手""技佐""技士""技正""匠首"，日本称这类高级技能人才为"技能士""技术士"，美国及中国台湾地区则称之为"工艺师"或"技术师"。

到了现代，中国参照苏联的做法，在工业部门将高级技能人才划分为高级技工、技师、高级技师；在餐饮系列则分为一、二、三级及特级；等等。"高技能人才"一词首次出现于我国2003年全国人才工作会议，被纳入"人才强国"战略规划，其内涵随着经济社会发展而不断丰富。

工业社会与农业社会相比，高级技能人才有三个显著的特点：一是成才方式不同。农业社会的高级技能人才主要是自学成才、师传徒、子（女）承父（母）业，而工业社会除了还留有上述农业社会的痕迹外，高级技能人才主要由学校培养。二是活动方式不同。农业社会的高级技能人才的活动方式表现为个体性、分散性、作坊性，工业社会高级技能人才活动方式则表现为社会性、集中性、大生产性。三是认定方式不同。农业社会的高级技能人才一般由民间或民间组织认定，极少数由官方或天子（皇帝）认定，工业社会的高级技能人才则主要由官方颁布的标准认定，并趋于职业化、专业化、标准化、系统化和社会化。这是人类文明的巨大进步。

到了知识经济社会，随着以知识为基础的新兴产业迅速崛起，特别是计

算机、无线通信、国际互联网等知识密集的高技能产业迅速发展，猛烈冲击着传统产业，并向社会的各个方面渗透。美国企业家比尔·盖茨提出了"知识工人"的概念，标志着对高级技能人才地位和作用的认识逐步提升。目前，学术界比较趋同的看法是：高级技能人才是指具有必要的理论知识，掌握了现代设备的使用与维修，在生产和服务领域中能完成中级技能人才难以掌握的高难或关键动作，并有创新能力的高素质劳动者。

职业技能人才不仅在就业市场上广受欢迎，而且在一些贫困地区，大量技能人才通过技能脱贫致富，成功阻断贫困的代际传递，通过职业技术找到一份合适的工作，打下立身、立业的基础。在中国制造转型升级的大背景下，只要有本事、有技术，机会就会出现，个人发展道路就会非常宽广。美好的明天正在等待着努力奋进、拥有一技之长的年轻人。

第二节 劳动立身、技能报国

一、练就技能，提升价值

在劳动力市场上，劳动者的收入水平主要取决于劳动者所在的某一类技能领域的供需关系，被需要的程度越大，收入的整体水平就越高；而对于个人的劳动者而言，他的收入水平主要取决于其技能水平的高低，技能水平越高，收入也就随之增加。近年来，技能人才的收入整体呈上升趋势。技能劳动者要想获得高工资，就要认识到劳动技能的重要性。在学校里，要学好基础的理论知识，练就扎实的专业技能，为走向职场做最充分的准备；进入职场以后，还需要继续学习新的知识和技能，参加各种继续教育和培训，持续提升技能水平，提高工作效率，并在日积月累中获得技能创新、技术突破，那么，劳动的价值也就会得到相应的体现。

　　人是生产力中最活跃、最根本的要素，技术工人是支撑中国制造、中国创造的重要基础。面对新一轮科技革命和产业变革，国家发展需要靠各方面人才的支撑，特别是高技能人才。他们通常具有较高的素质、精湛的技能和高超的技艺，是制造业中的技术先锋，是产业工人队伍中的杰出代表，在增强企业竞争力和中国制造核心竞争力等方面发挥着不可替代的基础性作用。

　　未来的制造业需要大批能够实现智能化操作，适应工作岗位变化，具有高端技术品格、负责任的职业态度和自主创新能力的技术人才。高技能人才的核心标志之一在于卓越的操作能力，它是区别于一般技能人才和学术人才的重要标准。制造业转型升级使技能操作的技术含量越来越高，加工设备越来越智能化，这就要求高技能人才能够熟练掌握操作规范和复杂的工艺，确保生产流程不断优化、产品质量不断提高。与此同时，成长为技术精干且具有创造性劳动的高级技能人才，要自觉践行社会主义核心价值观、焕发劳动热情、厚植工匠文化、恪守职业道德，将辛勤劳动、诚实劳动、创造性劳动化作自觉行为。

二、立足时代需要，立志技能报国

　　习近平总书记指出："工业强国都是技师技工的大国，我们要有很强的技术工人队伍。"纵观近代历史，凡大国必定是工业强国，而工业强国一定是技工、高级技能人才大国。在当今的主要工业强国中，日本和德国都以高水平的制造业闻名于世。这两个国家也以高素质的工人队伍，特别是大量的高技能人才著称于世。日本的高级技工在整个工人队伍中的占比达 40%，德国则高达 50%。数量众多的高技能工人建立了享誉世界的民族品牌，铸就了德国与日本的高水平的制造产业，奠定了两个国家工业和经济发展的基石。

　　新中国成立以来，建立起了涵盖 41 个工业大类、207 个工业中类、666 个工业小类的完整工业体系（图 12-1），成为全世界唯一拥有联合国产业分类中所有工业门类的国家。制造业是国民经济的主体，是立国之本、兴国之器、强国之

基。进入新时代，我国深入实施《中国制造 2025》行动纲领，着力实现中国制造向中国创造转变、中国速度向中国质量转变、制造大国向制造强国转变，这就需要大批技能人才提供重要的基础支撑。

图 12-1　中国首艘国产大型邮轮"爱达·魔都号"

在超级工程与重大项目中，闪现着很多青年技能人才的鲜活身影。青年一代有理想、有本领、有担当，国家就有前途，民族就有希望。广大青年技能人才要勇敢肩负起时代赋予的重任，志存高远、脚踏实地，努力通过技能报国，在实现中华民族伟大复兴的中国梦中放飞青春梦想。

知识链接

国家高技能人才振兴计划

国家高技能人才振兴计划以技师、高级技师培训为重点，以提升职业素质和职业技能为核心，旨在培养和造就一批具有精湛技艺、高超技能和较强创新能力的高技能领军人才，引领、带动高技能人才队伍的建设和发展。重点实施以下三个工作项目。

1.技师培训项目

适应加快转变经济发展方式、促进产业结构优化升级、发展现代产业体系的需要，充分发挥行业、企业和职业院校的作用，加快培养一批具有精湛技艺和掌握新知识、新工艺的技师和高级技师。从 2011 年到 2020 年，全国新培养 350 万名技师、100 万名高级技师，使技师和高级技师总量达到 1 000 万人。其中，国家重点支持 50 万名（每年 5 万名）经济社会发展急需、紧缺行业（领域）高级技师培训。

2.高技能人才培训基地建设项目

结合区域经济发展、产业振兴发展规划和新兴战略性产业发展的需要，主要围绕十大振兴产业，新兴战略性产业和经济社会发展急需、紧缺行业（领域），依托具备高技能人才培训能力的职业培训机构和城市公共职业技能实训基地，建设高技能人才培训基地，重点开展高技能人才研修提升培训、高技能人才评价、职业技能竞赛、高技能人才课程研发、高技能人才成果交流等活动。从 2011 年到 2020 年，建设 1 200 个高技能人才培训基地，基本形成覆盖重点产业和中心城市的高技能人才培养网络。其中，到 2015 年底，国家重点支持 400 个高技能人才培训基地建设。

3.技能大师工作室建设项目

发挥高技能领军人才在带徒传技、技能攻关、技艺传承、技能推广等方面的重要作用，鼓励各级政府、行业、企业选拔生产、服务一线的优秀高技能人才，依托其所在单位建设一批技能大师工作室，开展培训、研修、攻关、交流等活动。其中，到 2020 年底，国家重点支持 1 000 个左右技能大师工作室建设，基本形成覆盖重点行业、特色行业的技能传承与推广网络。

第三节 劳动创造未来，实干成就梦想

人类文明史在一定程度上就是人类不断提高认识世界、改造世界能力的历史，从刀耕火种、结绳记事到今天的大数据、人工智能，人类依靠一代代人不懈的探索，将文明的发展不断推进。在这场漫长的征程中，古今中外的技能人才都做出了重要贡献。

人们对美好生活的追求，为技能人才施展技术创新才华开阔了巨大的领域前景。随着我国经济社会的飞速发展，人们生活水平不断提高，使用互联网、数字化工具已经成为人们日常必备的技能。在服务美好生活需要方面，技能人才具有广阔的平台和前景，与生活密切相关的专业技能人才更受欢迎，一批新兴行业、时髦岗位应运而生，大批技能人才投身新时代的创新创业，个人梦想得以实现。

一、新时代、新技术、新生活

技术的进步改变了世界，让生活更美好。今天，数字技能已经成为人们的必备技能之一。可以想象，一个不会使用智能手机的人，在高度信息化的环境里，是寸步难行的。智能化的生产流程、二维码技术在移动互联网中的广泛应用，都需要人们进一步提高技能，才能更加充分地享受科技进步带来的便利。通过这些数字化技术手段，我们把整个现实世界转换成一个数学世界，我们可以像解析数学公式一样，在这个数学世界里清晰明确地分析、管理我们的现实世界。在社会治理、便民服务等方面，用手机购物、挂号就医、缴费理赔等已经成为人们生活的常态。

随着科学技术的快速发展，以互联网、大数据、云计算、人工智能、区块链、物联网等为代表的新知识、新技术、新工艺、新方法不断涌现，"互联网+"不仅催生了技术创新、产品创新，还带动了商业模式、服务模式、盈利模式、运营模式等的创新。人类社会的发展来到了数字化信息时代，这也需要人类不断提升数字技能，以适应时代的发展变化。

知识链接

中国的新四大发明

中国是世界四大文明古国之一，勤劳智慧的中国人为人类文明进程发展做出了重大贡献，奉献了诸多伟大的发明创造，其中最著名的莫过于享誉世界的四大发明——造纸术、指南针、火药、活字印刷。这四项发明经过了漫长的时间，逐渐成形、完善，都是一代代能工巧匠在前人的经验积累的基础上逐步完成的。

2017年5月，来自"一带一路"沿线的20国青年评选出了"中国的新四大发明"：高铁（图12-2）、扫码支付、共享单车和网购。目前，中国已经成为世界上高速铁路建设运营里程规模最大、技术最全面、管理经验丰富的国家。截至2019年底，中国高速铁路运营里程已经突破3.5万公里，居世界第一位。随着我国IT技术的成熟和移动设备的普及，越来越多的商家和消费者选择扫码支付，现在人们出门基本都不带现金。共享单车的产生原本是为解决"最后一公里"的出行问题，经济又实惠。很多居民将共享单车作为主要的出行方式，绿色又环保。互联网经济的繁荣，让更多的人适应网络购物的形式，更多的网络购物平台受到大众的欢迎，网购已经成为现代人必不可少的生活方式。

图 12-2　广州南站驶出的高铁动车复兴号

伟大的事业需要平凡人做出贡献，平凡人在为伟大事业奉献时也能创造出不平凡，每一位普通劳动者都能将自身的奋斗与时代的机遇相结合，在恢宏大我中看到骄傲的小我，用小我的力量印证大我的辉煌。当代青年人要珍视、抓住历史机遇，扎实提高自身技能，拓宽学习能力，与那些参与国家重大工程的前辈一样，共同为中华民族复兴的伟大事业努力奋斗。

二、努力托起中国梦

新中国成立初期，国家经济局势异常严峻，通货膨胀极为严重，工业基础非常薄弱，国民生活水平低下，整个国家处于一穷二白的境况。在复杂的国际国内环境下，首要任务就是尽快建立起属于自己的工业体系，尽快完成从农业国到工业国的转变，只有这样才能真正实现民族独立富强。在这场伟大的征程中，全国各族人民与党和国家一同筚路蓝缕、砥砺奋进，用勤劳与智慧、汗水与青春书写了无数辉煌的劳动诗篇。技能人才在其中发挥了巨大作用，他们带领着工友和团队，竭尽所能、顽强奋斗，想尽一切办法大力提升工作效率，积极推进技能创新，用一针一线、一车一铣，在中华民族工业化的伟大历程中留下最灿烂的印记。

在新中国成立初期，各行各业都涌现出大量的劳动模范、技能高手，他们用自己对岗位的高度热爱、精湛的技能为共和国工业化的起航做出了卓越的贡献。他们每一个人都将提升技能、超额完成本职工作作为自己奋斗的目标，发自内心地将自己的工作、自己企业的生产、国家的发展和自己看作一体。年轻的他们将祖国实实在在地扛在稍显稚嫩的肩膀上，坚信多织一匹布、多做一个零件、多炼一炉钢，国家的工业化就能发展得快一些，人民的生活就会好一些，祖国在国际上的腰杆就能硬一些。他们心中没有个人的得失，有的只是对事业、对祖国的热爱，他们想方设法提升技能水平、推进改革创新，正是因为有这些技能高手，有像他们一样热爱国家的平凡的劳动者，才支撑着我们的祖国走过最初的艰难险阻，为后来全面工业化打下了坚实的基础。

以钢铁工业为例，如今我国已建立了世界产业链最完备、规模最大的钢铁工业体系，实现了主要生产流程基本自动化，成为世界最大的钢铁生产中心、消费市场和出口国。70多年弹指一挥间，一代代钢铁人用艰苦奋斗、开拓创新的伟大精神实现了中国钢铁工业的从无到有、从弱到强，从神舟飞船到歼-20战机、国产航母，从奥运场馆到珠港澳大桥，中国钢铁用70年的发展为站起来的中国铸造了钢铁脊梁。

2020年的春天，新冠肺炎疫情开始在我国蔓延，这是一场近百年来全球发生的最严重的传染病，是新中国成立以来传播速度最快、感染范围最广、防控难度最大的重大突发公共卫生事件。为了彻底夺取疫情阻击战的胜利，武汉从1月22日开始封城。为尽快夺取疫情防控的胜利，减少人民生命财产损失，在党中央的统一调度下，举全国之力对湖北、武汉实施规模空前的生命大救援。用10多天的时间先后建成火神山医院和雷神山医院，大规模改建16座方舱医院，迅速开辟600多个集中隔离点。54万名湖北省和武汉市医务人员直面病毒，率

先打响了疫情防控遭遇战。346支医疗队、4万多名医务人员赶赴湖北进行医疗救援，19个省区市对口帮扶除武汉以外的16个市州，将最急需的资源、最先进的设备，紧急运往湖北地区。在这场大考验中，新中国成立70多年，特别是改革开放40年来积攒的坚实国力发挥了重要作用，完备的工业门类、完整的工业链条，迅速为疫情防护、复工复产生产了大量物资。海陆空立体的交通设施为医护人员支援疫区、为全国各地物资调拨提供了方便快捷的基础条件。完善的电力、水力、取暖、能源、网络等基础设施成为疫情防控、居民生活的基本保证。强大的网络商业平台和线下配送机制，为疫情期间人们的日常生活提供了多一重保障。

正是因为有了完备坚强的工业基础，有了大量爱岗敬业、勇于奉献的产业工人、服务人员，默默支撑着各类基础设施的正常运行，努力推进复工复产，才使武汉疫情"阻击战"取得伟大胜利，才使我国疫情防控取得了不起的阶段性胜利，才使我国在2020年成为全世界唯一经济取得正向增长的主要经济体，展现了我们国家几十年经济社会发展积攒的坚实国力和雄厚的工业实力与科技实力。而这些硬实力的背后则是千千万万的劳动者，他们用70多年的努力，在中华人民共和国从诞生到发展、弱小到强大的过程中，刻苦钻研、殚精竭虑，不断磨炼、提升自己的技能，从螺丝钉到登月飞船，聚细流为江河，在成就小我的过程中实现大我的飞跃。他们用一代又一代的奋斗，不仅为自己书写下光彩夺目的人生故事，更为祖国发展的历史画卷留下浓墨重彩的一笔。

三、奋斗成就精彩人生

在改变中华民族面貌与发展历程的艰苦奋斗中，广大劳动者发挥了巨大作用，他们有着最浓烈的爱国主义情怀，有着"敢教日月换新天"的豪情壮志，有着过硬的技术和勇于奉献的职业精神。他们带领着工友和团队，与全国各族人民一道，竭尽所能，顽强奋斗，想尽一切办法大力提升工作效率，积极推进技能创新。每一个普通的劳动者都在不同的岗位上为了个人、为了家庭而努力奋斗，这些奋斗如同江河的水滴、如同太阳的光芒，汇聚到一起，就形成了整个国家激昂向上的澎湃之力。习近平总书记指出："有梦想，有追求，有奋斗，一切都有可能。""山再高，往上攀，总能登顶；路再长，走下去，定能到达。"心心在一艺，其艺必工；心心在一职，其职必举。青年一代要勤学苦练、精益求精、追求卓越，立志走技能成才、技能报国之路，努力成为大国工匠，展现新时代技能人才的风采。明日的大国工匠必然从今日的青少年中长成，伟大的时代必将由青少年创造。

新时代属于每一个人，每一个人都是新时代的见证者、开创者、建设者。新时代是奋斗者的时代。我们要把握时代机会，把个人梦汇入实现中国梦的洪流中，在实现中国梦的进程中成就个人梦想，在劳动托起中国梦的广阔天地担当奉献、砥砺前行，在这样一个迅猛发展、国力蒸蒸日上的辉煌时代书写属于自己的奋斗诗篇。

思考与实践

一、名词解释

高技能人才　制造强国　数字技能　技能大师工作室

二、简答题

为什么说学好技能就能端稳"金饭碗"？

三、论述题

谈一谈你对奋斗成就精彩人生、技能报效祖国的理解与认识。

四、实践活动

"劳动托起中国梦"主题演讲比赛

实践目标

通过收集关于劳动价值的名言警句、经典论述，结合课题学习收获和生活实践体会，进一步深刻理解劳动价值的内涵，进一步树立劳动创造幸福、劳动实现理想的坚定信念，进一步弘扬诚实、爱国、奉献、创新的理念价值。

实践操作

1. 收集关于劳动价值的名人名言、经典论述。

_____

_____

_____

_____

_____

_____

_____

_____

_____

_____

_____

_____

_____

_____

2. 撰写劳动价值主题演讲稿。

3. 以班级为单位，分别组织演讲比赛。

实践成果

通过参加演讲比赛，与同学们交流对劳动价值的认识，进一步修改完善演讲稿，并写好文本作为实践成果留存。

参 考 文 献

［1］ 刘向兵.劳动通论［M］.2版.北京：高等教育出版社，2021.

［2］ 安鸿章.劳动实务：高等职业院校劳动教育读本［M］.北京：北京理工大学出版社，2020.

［3］ 彭远威，张锋兴，李卫东.高职生劳动教育教程［M］.桂林：广西师范大学出版社，2020.

［4］ 聂峰，易志军.新时代劳动教育教程［M］.北京：电子工业出版社，2020.

［5］ 檀传宝.你不全知道的劳动世界［M］.北京：中国劳动社会保障出版社，2020.

［6］ 朱忠义.劳动教育与实践［M］.北京：北京理工大学出版社，2020.

［7］ 金正连.劳动教育与素质养成［M］.北京：中国人民大学出版社，2020.

［8］ 李珂.劳模精神［M］.北京：中共党史出版社，2020.

［9］ 刘建军.工匠精神［M］.北京：中共党史出版社，2020.

［10］刘向兵，等.新时代高校劳动教育论纲［M］.北京：社会科学文献出版社，2019.

［11］李珂.技能成就精彩人生［M］.北京：中国劳动社会保障出版社，2022.

［12］李珂.嬗变与审视：劳动教育的历史逻辑与现实重构［M］.北京：社会科学文献出版社，2019.

大学生劳动教育（高职版）实践手册

学院＿＿＿＿＿＿＿＿＿＿＿＿

班级＿＿＿＿＿＿＿＿＿＿＿＿

学号＿＿＿＿＿＿＿＿＿＿＿＿

姓名＿＿＿＿＿＿＿＿＿＿＿＿

实践一　时空萌芽，见证成长

活动目标	1.感受生命力量，收获劳动成果，体验劳动最光荣。 2.尊重劳动、尊重劳动者，认识到劳动的重要性。
活动内容	学生在教师指导下播种、移栽某种植物，并亲历植物生长全过程。
活动设计	（一）准备阶段 1.教师准备：发布种子发芽以及植物移栽任务驱动书。 2.学生准备：搜集种子发芽及植物移栽相关资料，准备植物移栽的相关材料（容器、土壤等），准备活的植物种子。 （二）实施阶段 1.教师介绍种子种植、植物移栽流程、注意事项。 2.学生亲手种植种子，或移栽植物幼苗。 3.组织学生分享种植、移栽的经验与感想。 4.以"劳动创造人本身"为线索，讨论人与动物的区别。 （三）总结阶段 归纳总结劳动对于人的重要意义，通过植物种植感受劳动魅力，引导学生尊重劳动、尊重劳动成果。
注意事项	为确保活动圆满成功，可设置不同生长环境，对照培育植物幼苗。
活动记录	活动记录见表1-1。
相关资源	活动所需的相关材料： 1.种子发芽以及植物移栽任务驱动书。 2.种子种植所需相关工具。
考核评价	学生自评和实践课教师评价相结合，评价标准见表1-2。首先，由学生根据评价标准形成定量的自评分数；其次，由实践课教师给予定性的综合评价（优秀、良好、合格）。

表 1-1 活动记录表

培育幼苗的过程记录	
活动过程中遇到的困难和解决方案	
活动感受	

表 1-2 学生劳动实践平时表现评价表

评价标准	分值	自我评价（总分 100）	实践课教师评价（优秀、良好、合格）
搜集种子发芽及植物移栽相关资料	20 分		评价结果：
成功培育幼苗	20 分		
积极分享种植经验及感想	20 分		
积极参与主题研讨并得出结论	40 分		实践课教师签字： 日　　期：
总分合计			

实践二　制订学期劳动计划

活动目标	巩固课堂上所学的马克思主义劳动观相关知识，学会制订劳动计划。
活动内容	在勤工助学和志愿服务两个方向选择其中一项，以学期为单位制订个人劳动计划。
活动设计	（一）准备阶段 1.利用课堂讲授勤工助学和志愿服务的含义及类型，使学生明确劳动任务，制订学期劳动计划。 2.明确计划实施的地点与时间，了解计划实施的环境、条件和限制，以便合理安排计划实施的空间组织和布局。 （二）实施阶段 1.汇总整理收集到的资料信息，选择劳动方向。 2.设计合理、可行的劳动计划。 （三）总结阶段 课堂上展示制订的劳动计划，最终评定出优秀个人。
注意事项	1.实践过程中，注意做好资料的搜集工作，选择好方向。 2.设计的劳动计划要贴近生活实际。
活动记录	学期劳动计划见表2-1。
相关资源	活动所需的相关资源：无。
考核评价	学生自评和实践课教师评价相结合，评价标准见表2-2。首先，由学生根据评价标准形成定量的自评分数；其次，由实践课教师给予定性的综合评价（优秀、良好、合格）。

表 2-1　学期劳动计划表

劳动方向 （勤工助学或者志愿服务）	
劳动形式 （个人或者团体）	
劳动地点	
劳动岗位	
劳动内容	
劳动时间 （以学期为周期，具体到小时）	
劳动频次 （以周、天、月为单位）	
预期劳动成果 （图片、视频、收获等）	

表 2-2　学生劳动实践平时表现评价表

评价标准	分值	自我评价 （总分 100）	实践课教师评价 （优秀、良好、合格）
劳动计划 设计合理	20 分		评价结果：
劳动计划 是否贴合实际	20 分		
劳动方向选取 是否合适	20 分		
劳动成果展示	40 分		实践课教师签字： 日　　期：
总分合计			

实践三　参加劳动实践，体验劳动之乐

活动目标	1.巩固课堂上所学的马克思主义劳动观的内涵。 2.在实践中，激发学生维护教学楼卫生的热情，培养学生公共卫生意识，承担共同建设、保护美丽教学楼的责任。 3.体验劳动最光荣、劳动最美丽、劳动最崇高的乐趣，提升学生的团结精神和奉献精神，增强学生的主人翁意识。
活动内容	以小组的形式开展活动，打扫教室，保持教室的清洁。
活动设计	（一）准备阶段 1.全校各班级通过主题班会，呼吁在校学生积极参与卫生清洁活动，并且对参与活动的学生进行分组。 2.以班级为单位按照各学院生活部的要求，到指定地点领取劳动工具，按照规定完成各教室的打扫任务。 （二）实施阶段 1.各班级明确任务周期为一周。 2.各班级各小组自己选择劳动时间，在早上第一节课课前、午休、晚饭时间、晚自习下课后打扫教室，每天至少打扫两次。 3.每天教室打扫完毕后，将由各学院生活部人员进行检查。 （三）总结阶段 1.小组成员每人写一份工作记录及劳动体会。 2.以小组为单位，利用熟悉的媒体软件制作视频或者PPT等，主要反映在此次劳动中的案例和图片，展现出每一位同学对劳动的认识，充分理解劳动最美丽、劳动最光荣、劳动最崇高的观念。 3.面向班级进行劳动成果展示。
注意事项	实践活动中，大家合理分工，正确使用劳动工具，注意个人安全。
活动记录	活动记录见表3-1。
相关资源	活动所需的相关材料： 1.清洁工具。 2.学生能够制作视频或者PPT进行展示。
考核评价	学生自评和实践课教师评价相结合，评价标准见表3-2。首先，由学生根据评价标准形成定量的自评分数；其次，由实践课教师给予定性的综合评价（优秀、良好、合格）。

表 3-1　活动记录表

本人承担的任务内容	
过程性资料展示	
参与本次活动的心得体会	

表 3-2　学生劳动实践平时表现评价表

评价标准	分值	自我评价（总分100）	实践课教师评价（优秀、良好、合格）
积极参与本次活动	20分		评价结果：
按时完成实践活动	20分		
过程性资料充实	20分		
实践活动记录填写完整	40分		
总分合计			实践课教师签字： 日　　期：

实践四 "寻找最美劳动者"摄影活动

活动目标	1.巩固课堂上所学的劳动精神，积极践行劳动精神。 2.体味劳动者的精神面貌，端正劳动态度，正确认识劳动，积极投入劳动。 3.真正理解幸福都是奋斗出来的，新时代是奋斗者的时代。
活动内容	以班级为单位，分小组寻找最美劳动者，并记录其最美的劳动瞬间。
活动设计	（一）准备阶段 以班级为单位，分成若干小组并选出小组长。 （二）实施阶段 1.在课堂中，发布寻找最美劳动者的任务及要求。 2.分小组进行讨论，确定最美劳动者人群，然后以小组为单位出发寻找最美劳动者。 3.通过手机或者照相机记录最美劳动者的瞬间，深入交流，了解最美劳动者的事迹。 （三）总结阶段 1.以小组为单位，利用熟悉的媒体软件制作视频或者PPT，主要反映本小组所寻找到的最美劳动者及其事迹。 2.通过寻找最美劳动者活动，以心得体会的方式完成自己对劳动的认识，对劳动最美丽、劳动最光荣、劳动最崇高理念的认识。 3.面向班级进行最美劳动者的展示活动。
注意事项	实践活动中大家合理分工，积极讨论，注意个人安全。
活动记录	活动记录见表4-1。
相关资源	活动所需的相关资源： 1.手机或者照相机等。 2.学生能够运用制作视频或者PPT进行展示。
考核评价	学生自评和实践课教师评价相结合，评价标准见表4-2。首先，由学生根据评价标准形成定量的自评分数；其次，由实践课教师给予定性的综合评价（优秀、良好、合格）。

表 4-1　活动记录表

工作记录和讨论记录	
寻找最美劳动者的过程阐述	
寻找最美劳动者的心得体会	

表 4-2　学生劳动实践平时表现评价表

评价标准	分值	自我评价（总分 100）	实践课教师评价（优秀、良好、合格）
工作记录和讨论记录	20 分		评价结果：
过程性资料充实	20 分		
心得体会	20 分		
最终成果展示	40 分		
总分合计			实践课教师签字： 日　　期：

实践五　寻找身边劳模榜样

活动目标	1.巩固课堂上所学的劳模精神相关知识。 2.在争当劳模的校园实践中，进一步了解弘扬劳模精神的途径。 3.增进对劳模精神时代价值的认识。
活动内容	学生在教师指导下，向身边的劳模看齐，开展寻找身边劳模榜样的实践体验。
活动设计	（一）准备阶段 1.教师准备： （1）将同学划分为若干实践小组，每组5人左右。 （2）联系学校学生处、团委、就业指导相关部门予以配合支持。 （3）制订一个学校或学院级别的劳模评选方案，学院以一个月为期评选1名学院"劳模之星"，学校以一学期为期评选10名校级"劳模之星"。 2.学生准备： （1）每小组成员确定所在具体学院本月的学习劳模榜样1人。 （2）明确学校"劳模之星"评选的条件和标准，如学院"劳模之星"和学校"劳模之星"两个级别的区别。 （二）实施阶段 （1）制订学院"劳模之星"评选条件。 （2）实施寻找"劳模之星"。小组明确分工，通过对照评选条件，深入挖掘身边的"劳模之星"，并做好记录、材料收集、宣传和学习工作。 （3）开展学院"劳模之星"每月评选工作，根据班级推优、学院审核程序，确定本月"劳模之星"。 （4）制作"劳模之星"先进事迹学习记录表。每个小组结合课堂所学，设计寻找身边劳模榜样记录表（可参考表5-1）。 （三）总结阶段 根据各个学院每月"劳模之星"评选结果，每组完成一份关于我要当劳模的学习心得体会。每位小组成员填写实践活动记录表，对本次实践活动进行总结。

注意事项	1.学院层面的"劳模之星"评选需要充分借助各年级辅导员和团委书记的支持和配合，注意做到公开公平。 2.学校层面的"劳模之星"评选需要各二级学院择优推荐，确定学期表彰名单。
活动记录	活动记录见表5-2。
相关资源	活动所需的相关资源： 1.需要团委做好校级"劳模之星"的宣传报道工作。 2.需要各学院指派团委书记和1名辅导员参与"劳模之星"评选的监督和协助。 3.需要运用网络匿名投票工具。
考核评价	学生自评和实践课教师评价相结合，评价标准见表5-3。首先，由学生根据评价标准形成定量的自评分数；其次，由实践课教师给予定性的综合评价（优秀、良好、合格）。

表5-1　寻找身边劳模榜样记录表

"劳模之星" 基本信息	（姓名、性别、年龄、年级、专业）
"劳模之星"的 事迹	
"劳模之星" 身上的闪光点	
辅导员给 学生的意见 和建议	

表 5-2　活动记录表

本人承担的任务内容	
任务的难点及解决方案	
参与本次活动的心得体会	

表 5-3　学生劳动实践平时表现评价表

评价标准	分值	自我评价（总分 100）	实践课教师评价（优秀、良好、合格）
积极承担组内任务	20 分		评价结果：
积极分享调研感受	20 分		
过程性资料充实	20 分		
调研成果质量好	40 分		
总分合计			实践课教师签字： 日　　期：

实践六　参加一堂专业技能实训课

活动目标	1.增强劳动意识，体悟匠人情怀，弘扬工匠精神。 2.通过现场观摩学习、动手实践，提升学生的专业技能与素质。 3.在活动中进一步了解专业内容，明确职业规划，增强职业使命感。
活动内容	学生在教师指导下开展专业技能观摩学习与动手实践。
活动设计	（一）准备阶段 1.教师准备： （1）根据学生情况，安排难度适中、安全的专业技能项目，并准备相应的教学材料、教学器材。 （2）根据班级学生人数，合理分配实践小组，建议每个小组5—6人，并确定1名组长，参与指导专业技能的实践环节及做好学生统一管理工作。 2.学生准备： （1）根据开展的专业技能项目，做好劳动保护用品的选择穿戴，保障自身安全。 （2）做好课前专业技能实践环节的理论学习，掌握技能操作的重点、难点。 （二）实施阶段 （1）实践过程中，在教师的指导下认真记录、思考，积极讨论、交流和分享经验，掌握技能操作的重点、难点。 （2）在教师指导及组长的协助下动手实践，熟练掌握技能要领，达到理论与实践相结合。 （三）总结阶段 根据现场观摩与技能实操，每组邀请1名组员进行现场技能展示，其他小组成员进行评价与场外指导。每名小组成员需填写实践活动记录表，对本次实践活动进行总结。
注意事项	实践过程中，认真听教师讲解技能要点、设备使用、操作流程，做好自身安全防范，增强安全保护意识。
活动记录	活动记录见表6-1。
相关资源	专业技能实践所需的相关工具。
考核评价	学生自评和实践课教师评价相结合，评价标准见表6-2。首先，由学生根据评价标准形成定量的自评分数；其次，由实践课教师给予定性的综合评价（优秀、良好、合格）。

表 6-1　活动记录表

专业技能掌握情况	
专业技能存在的重点、难点	
参与本次活动的心得体会	

表 6-2　学生劳动实践平时表现评价表

评价标准	分值	自我评价（总分 100）	实践课教师评价（优秀、良好、合格）
学习过程积极认真	30 分		评价结果：
分享交流实践感受	20 分		
学习成果显著	20 分		
能现场展示专业技能学习情况	20 分		
在实践中积极践行工匠精神	10 分		
总分合计			实践课教师签字： 日　　期：

实践七　学生就业劳动保障常见问题调查

活动目标	1.巩固课堂上所学的劳动科学相关知识。 2.在调研实践中，进一步了解学生就业中常见的劳动保障问题及应对方法。 3.增进对劳动科学知识重要性的认识。
活动内容	学生在教师指导下开展大学毕业生就业过程中的劳动保障常见问题调查。
活动设计	（一）准备阶段 1.教师准备： （1）将同学划分为若干实践小组，每组5人左右。 （2）联系学校就业指导相关部门予以配合支持。 2.学生准备： （1）确定具体调研对象。 （2）明确调研途径，如发放问卷、电话访谈、面对面访谈等。 （二）实施阶段 （1）制订调研提纲。 （2）制作调研记录表。每个小组结合课堂所学，设计调研记录表（可参考表7-1）。 （3）实施调研。小组明确分工，通过发放问卷、电话访谈、面对面访谈等多种形式，深入调研高校毕业生在就业过程中常见的劳动保障问题及正确的应对方法，并做好记录和整理。 （三）总结阶段 根据调研结果，每组完成一份关于高校毕业生就业劳动保障常见问题的调研报告。每位小组成员填写实践活动记录表，对本次实践活动进行总结。
注意事项	1.调研过程可能涉及个人隐私，可采取匿名等形式保护好调查对象的隐私。 2.外出调研要注意个人安全。
活动记录	活动记录见表7-2。
相关资源	活动所需的相关资源： 1.需要就业指导部门或辅导员协助联系已就业的毕业生。 2.需要运用问卷调查等工具。
考核评价	学生自评和实践课教师评价相结合，评价标准见表7-3。首先，由学生根据评价标准形成定量的自评分数；其次，由实践课教师给予定性的综合评价（优秀、良好、合格）。

表 7-1　调研记录表

调研对象基本信息	（性别、年龄、工作年限、工作单位性质等）
曾遇到的劳动保障相关问题	
当时的解决方式	
给在校学生的意见和建议	

表 7-2　活动记录表

本人承担的任务内容	
任务的难点及解决方案	
参与本次活动的心得体会	

表 7-3　学生劳动实践平时表现评价表

评价标准	分值	自我评价 （总分 100）	实践课教师评价 （优秀、良好、合格）
积极承担 组内任务	20 分		评价结果：
积极分享 调研感受	20 分		
过程性资料充实	20 分		
调研成果质量好	40 分		
总分合计			实践课教师签字： 日　　期：

实践八　社会实践中劳动安全清单调研

活动目标	1.增进对劳动安全的认识，掌握劳动安全技能。 2.认识到劳动安全的重要性。
活动内容	学生在教师的指导下开展社会实践中劳动安全清单调研活动。
活动设计	（一）准备阶段 1.教师准备： （1）根据班级学生人数，合理分配实践小组，建议每个小组5—6人。 （2）准备与实践活动相对应的劳动工具、教学材料等。 2.学生准备： （1）以小组为单位，任意选择一项劳动实践活动，如打扫教室、捡垃圾、参加社区服务、开展社会调查等。 （2）提前设计实践活动中的劳动安全清单，尽可能从多方面、多角度考虑，全面预设安全清单。例如，是否遵守活动纪律、是否认真听取活动有关事项、是否掌握实践活动流程、是否使用劳动工具或机械电器设备，以及涉及人身安全方面等。 （二）实施阶段 （1）实施选定的实践活动，根据预先设计的劳动安全清单，在实践过程中注意观察、思考，对劳动安全清单做进一步梳理和调整。 （2）在实践活动中，遵守实践活动安全要求，做好自我保护措施。 （三）总结阶段 根据实践结果，每位小组成员评价组内设计的劳动安全事项清单是否完整，进行补充完善，并对本次实践活动进行总结。
注意事项	在进行实践活动过程中注意人身安全。
活动记录	劳动安全清单见表8-1。
相关资源	活动所需的相关资源： 1.需要提前制订劳动安全清单。 2.需提前准备与实践活动相关的劳动工具及其他材料。
考核评价	学生自评和实践课教师评价相结合，评价标准见表8-2。首先，由学生根据评价标准对本组安全清单事项是否完整进行自我评价；其次，由实践课教师给予综合评价（优秀、良好、合格）。

表 8-1　劳动安全清单

实践活动类型	
预设劳动 安全清单	
清单是否完整	
补充完善 总结整理	

表 8-2　学生劳动实践平时表现评价表

评价标准	分值	自我评价 （总分 100）	实践课教师评价 （优秀、良好、合格）
提前做好劳动 安全清单	30 分		评价结果：
分工合理 积极参与	20 分		
积极分享 实践感受	20 分		
调研清单完整	30 分		
总分合计			实践课教师签字： 日　　期：

实践九　旧物改造大行动，绿色环保新生活

活动目标	1.树立绿色环保的生活理念。 2.掌握简单的旧物改造方法。
活动内容	学生通过自己查找资料完成一件旧物改造。
活动设计	（一）准备阶段 1.教师准备： （1）发布旧物改造任务。 （2）引导学生查找旧物改造资料。 2.学生准备： （1）收集旧物，如快递盒、塑料瓶等。 （2）查找旧物改造的方法。 （二）实施阶段 （1）教师介绍旧物改造的技巧和注意事项。 （2）学生进行旧物改造。 （3）学生进行旧物改造展示，分享改造心得。 （三）总结阶段 学生根据改造旧物的使用情况，总结改造技巧和方法。还可根据生活需要，不断进行旧物改造，将绿色环保理念融入日常生活。
注意事项	1.旧物改造要始终树立绿色环保理念，不可过度装饰。 2.旧物改造过程中，要注意工具使用安全。
活动记录	活动记录见表9-1。
相关资源	活动所需的相关资源： 1.旧物改造任务驱动书。 2.旧物改造所需工具（剪刀、胶水、纸胶带等）。
考核评价	学生自评和实践课教师评价相结合，评价标准见表9-2。首先，由学生根据评价标准形成定量的自评分数；其次，由实践课教师给予定性的综合评价（优秀、良好、合格）。

表 9-1　活动记录表

旧物名称	
改造目标	
改造基本方法	
改造效果图片	
使用反馈	

表 9-2　学生劳动实践平时表现评价表

评价标准	分值	自我评价 （总分 100）	实践课教师评价 （优秀、良好、合格）
积极承担 组内任务	20 分		评价结果：
积极分享 调研感受	20 分		
过程性 资料充实	20 分		
调研成果 质量好	40 分		实践课教师签字： 日　　期：
总分合计			

实践十　积极参与实训，淬炼别样青春

活动目标	1.树立正确的实训态度。 2.完成一项实训活动，得到正确的实训结果（或完成实训任务）。
活动内容	学生在教师指导下完成一项实训活动，得出正确的实训结果（或完成实训任务），填写实训报告。
活动设计	（一）准备阶段 1.教师准备： （1）发布实训任务。 （2）完成实训所涉及理论知识的讲解。 2.学生准备： （1）阅读实训任务书，完成实训准备阶段任务书的填写。 （2）理解实训所涉及的理论知识。 （二）实施阶段 （1）教师演示或介绍实训内容及方法。 （2）学生进行实训。 （3）教师全过程巡查指导。 （4）学生完成实训，得出正确的实训结果（或完成实训任务），并填写实训报告。 （三）总结阶段 学生根据实训情况总结分享经验，教师总结实训注意事项及出现的共性问题。
注意事项	1.师生在实施过程中巡视指导，注意学生的安全。 2.学生注意总结和分析。
活动记录	活动记录见表10-1。
相关资源	活动所需的相关资源： 1.实训报告。 2.实训室及实训所需耗材。
考核评价	学生自评和实践课教师评价相结合，评价标准见表10-2。首先，由学生根据评价标准形成定量的自评分数；其次，由实践课教师给予定性的综合评价（优秀、良好、合格）。

表 10-1　　活动记录表

实训项目	
实训原理	
实训过程或实训数据	
实训结果	
实训总结	

表 10-2　　学生劳动实践平时表现评价表

评价标准	分值	自我评价（总分 100）	实践课教师评价（优秀、良好、合格）
积极承担组内任务	20 分		评价结果：
积极分享调研感受	20 分		
过程性资料充实	20 分		
调研成果质量好	40 分		实践课教师签字： 日　　期：
总分合计			

实践十一　弘扬志愿服务精神，传递向上向善力量

活动目标	1.弘扬志愿服务精神。 2.完成一项志愿服务活动。
活动内容	学生自行组织和策划一项志愿服务活动并参与其中。
活动设计	（一）准备阶段 1.教师准备： （1）根据实际情况对学生进行分组。 （2）为学生提供相关指导和帮助。 （3）协调活动需要的场地及活动所需要的消耗品。 2.学生准备： （1）根据实际情况策划志愿服务活动。 （2）对接志愿服务相关组织或个人。 （3）准备志愿服务所需的物品。 （二）实施阶段 根据策划书开展志愿服务。 （三）总结阶段 学生从活动策划、志愿服务实施两个方面进行总结和交流。
注意事项	1.策划时要全面考虑实际情况。 2.师生实施全过程中注意安全。
活动记录	活动记录见表11-1。
相关资源	活动所需的相关资源： 1.需要教师帮助协调活动场地。 2.开展志愿服务所必需的工具及消耗品。
考核评价	学生自评和实践课教师评价相结合，评价标准见表11-2。首先，由学生根据评价标准形成定量的自评分数；其次，由实践课教师给予定性的综合评价（优秀、良好、合格）。

表 11-1   活动记录表

志愿服务项目	
活动开展地点	
具体工作内容	
志愿服务体会	

表 11-2   学生劳动实践平时表现评价表

评价标准	分值	自我评价 （总分 100）	实践课教师评价 （优秀、良好、合格）
积极承担 组内任务	20 分		评价结果：
积极分享 调研感受	20 分		
过程性 资料充实	20 分		
调研成果 质量好	40 分		实践课教师签字： 日　　期：
总分合计			

实践十二　创新设计，智能生活

活动目标	1.运用创新思维，发挥自身创造性劳动能力，进行生产生活等小物品的设计制作。 2.在实践中体会智能设计的奥妙，感受创造性劳动带来的乐趣。
活动内容	创新设计生活垃圾桶、小风扇等生活小物品，体验创新劳动成果。
活动设计	（一）准备阶段 1.教师准备：帮助学生选定需要创新的小物品。 2.学生准备：搜集各种小物品创新设计所需要的相关材料。 （二）实施阶段 1.学生裁剪、切割、粘贴制作小物品所需的材料。 2.按照相关原理，发挥主观能动性完成小物品的设计和制作。 3.展现自己小物品设计的智能性和创造性，并向同学分享设计经验与感想。 （三）总结阶段 总结此次创造性劳动的重要意义，感受创造性劳动的魅力，引导学生认识创造性劳动成果改变生活，推动社会发展。
注意事项	设计具有可操作性、可行性的小物品，难度不宜过大，所需材料为生活当中可回收利用之物。
活动记录	活动记录见表12-1。
相关资源	活动所需的相关材料：小物品设计所需相关工具、材料。
考核评价	学生自评和实践课教师评价相结合，评价标准见表12-2。首先，由学生根据评价标准形成定量的自评分数；其次，由实践课教师给予定性的综合评价（优秀、良好、合格）。

表 12-1 活动记录表

物品名称	
设计制作的难点及解决方案	
参与活动的心得体会	

表 12-2 学生劳动实践平时表现评价表

评价标准	分值	自我评价（总分 100）	实践课教师评价（优秀、良好、合格）
提出具有可行性、可操作性的活动方案	20 分		评价结果：
搜集设计所需的相关材料，并完成材料的裁剪、切割、粘贴等	20 分		
亲手设计制作完成小物品的全过程	20 分		
展示设计制作的小物品，并演示其创新性	40 分		实践课教师签字： 日　　期：
总分合计			

附：

学生劳动实践学段综合评价表

学期 实践 类型	日常生活劳动 （签字/盖章）	服务性劳动 （签字/盖章）	生产劳动 （签字/盖章）	其他活动 （签字/盖章）	实践教师评价 结果 优秀（*次） 良好（*次） 合格（*次）
第一学期					
第二学期					
第三学期					
第四学期					
第五学期					
第六学期					
综合评价（优秀、良好、合格）					